1학년 교과서랑 친해지는 가로세로 낱말 퍼즐

글 서울미래교육연구회 김영주, 김태림, 박민수, 이지애, 하빛나 · **그림** 희소

작가 소개

글 서울미래교육연구회

미래 사회에 필요한 역량을 아이들이 키울 수 있도록 학교 교육의 의미와 역할을 고민하는 초등학교 교사들의 연구 단체입니다. 정기적으로 세미나와 워크숍을 개최하여 최신 교육 동향을 공유하고, 현장의 목소리를 듣고 반영하여 미래 교육에 대한 주제로 글을 쓰고 강의도 합니다. 문해력 교육, 경제 교육, 독서 교육, 환경 교육 등 다양한 분야의 전문성을 갖춘 교사들이 모여 아이들이 자신의 잠재력을 발견하고 행복한 학교를 만들어 나가기 위해 노력하고 있습니다.

김영주 선생님 서울영문초등학교

서울초등경제금융교육연구회 회장을 지냈으며, 서울시교육청 컨설팅 장학위원으로 활동 중입니다. 문해력 교육과 경제 교육에 관심을 갖고 연구하고 있습니다.

김태림 선생님 서울장월초등학교

학교가 꼭 해야 하는 역할과 의미 있는 수업을 고민합니다. 어릴 적 올바른 단어 사용이 문해력 향상의 시작이라고 믿습니다. 서울교육대학교에서 상담교육 석사를 전공했습니다.

박민수 선생님 서울덕의초등학교

의미 있는 학교 수업에 대해 고민하며, 학생들의 문해력 향상을 위해 연구하고 있습니다. 현재 서울초등경제금융교육연구회 회장을 맡고 있으며, 서울시교육청 컨설팅 장학위원으로 활동하고 있습니다.

이지애 선생님 서울성동초등학교

아이들이 책을 통해 세상과 소통하고 꿈을 키워 나가도록 돕는 독서 교육 전문가입니다. 아이들을 가르치며 교육부장관상, 미래교육상, 환경부장관상 등을 받았습니다. 특히 문해력 향상을 위한 효과적인 독서 전략을 연구하고 있습니다.

하빛나 선생님 서울연촌초등학교

아이들과 함께 책을 읽고 이야기 나누는 것을 좋아합니다. 서울북부교육지원청 독서교육지원단, 서울시교육청 우리 학교 연수원 강사 등으로 활동하고 있습니다. 아이들의 삶과 배움이 연결되는 수업을 위해 노력하고 있습니다.

그림 희소

일상과 꿈의 경계에서 펼쳐지는 귀엽고 다정한 장면들을 그립니다. 출판물 및 다양한 분야에서 일러스트 작업을 진행했습니다. '귀여움과 다정함은 모든 부정적인 감정을 이길 수 있다.'는 믿음을 담아 작업하며, 그림을 통해 많은 사람이 작은 행복과 위로를 발견하기를 소망합니다.
인스타그램 @heesosim

이 책을 읽는 어린이 여러분께

　가끔 책을 읽다가 '이 단어 뜻이 뭐지?' 하고 고민한 적이 있나요? 문제를 풀 때 단어의 의미를 몰라서 멈칫한 경험도 있을 거예요. 하지만 한두 가지 모르는 단어를 알게 되면 문제를 쉽게 풀 수 있는 때도 있죠. 이는 친구들이 부족해서가 아니라, 단어를 더 많이 알게 되면 문제를 해결하는 데 도움이 되기 때문이에요.

　단어는 우리가 생각하는 것을 표현하는 도구예요. 도구가 많을수록 더 다양하게 표현할 수 있겠죠? 하지만 단어 실력은 하루아침에 늘지 않아요. 어릴 때부터 꾸준히 연습하는 게 중요해요.

　학교에 처음 입학하면 1학년 교과서가 생소하고 어렵게 느껴질 수 있어요. 하지만 걱정하지 마세요.《1학년 교과서랑 친해지는 가로세로 낱말 퍼즐》이 교과서에 나오는 중요한 단어들을 즐겁게 배울 수 있게 도와줄 거예요. 단순히 단어만 외우는 게 아니랍니다. 재미있는 속담과 명언을 통해 삶의 지혜도 얻고, 자주 헷갈리는 맞춤법과 의성어, 의태어까지 자연스럽게 익힐 수 있어서 여러분의 어휘력이 눈에 띄게 향상될 거예요.

　퍼즐을 풀다가 모르는 단어를 만나더라도 걱정하지 마세요. 의미를 쉽게 이해할 수 있도록 유의어와 반의어, 예문까지 함께 실었거든요. 학교 쉬는 시간이나 방과 후, 집에서 하루 10분씩 퍼즐을 풀다 보면 어느새 즐겁게 공부하는 습관도 들고, 모르는 단어도 술술 풀어내는 어휘의 달인이 되어 있을 거예요!

　신나는 단어 여행을 떠날 준비가 되었나요?《1학년 교과서랑 친해지는 가로세로 낱말 퍼즐》과 함께 출발!

친구들을 항상 응원하는 선생님들이

가로세로 낱말 퍼즐

5×5 문제부터 출발!

가로 열쇠

① 사람들이 쉬고 놀 수 있는 넓은 곳.
   비 정원

② 쉬는 날이 여러 날 이어지는 것.
   예 이번 설날 ○○에는 할머니 댁에 갈 거예요.

③ 한 번 쓰고 버리는 물건.
   반 다회용품, 재활용품

⑥ 소리로 듣는 감각.
   예 시각, ○○, 촉각, 미각, 후각

세로 열쇠

① 나라가 정하여 학교나 일을 쉬는 특별한 날.
   예 어린이날, 설날, 추석

④ 용감하게 싸우는 사람.
   예 악당과 맞서 싸우는 ○○.

⑤ 눈으로 보고 귀로 듣는 것.
   예 텔레비전으로 드라마를 ○○해요.

예 예시   비 비슷한말   반 반대말

1일 차 공부한 날   월   일

속담을 읽어 보고, 바르게 따라 써 보세요.

발 없는 말이
천 리 간다.

입에서 한 번 내뱉은 말은 달리는 말보다 더 빨리 퍼진다는 뜻이에요.
그러니 말은 신중히 하고 조심할 필요가 있어요.

가로 열쇠

② 마음에 따라 생기며 한동안 지속되는 감정.
   (예) 칭찬을 받아서 ○○이 좋아요.

③ 나이가 비슷하며 함께 놀고 이야기하며 서로 아껴 주는 소중한 사람.
   (예) ○○야, 같이 놀자!

⑤ 마법처럼 특별한 힘이 있는 사람.
   (비) 마술사

⑥ 여름과 겨울의 사이. 나뭇잎이 노란색이나 빨간색으로 물들고 시원한 바람이 부는 계절.

세로 열쇠

① 기구의 공기를 뜨겁게 하여 하늘로 떠오르는 탈것.
   (예) 그는 ○○○를 타고 하늘을 날았어요.

④ 무언가를 할 때 필요한 순서나 해야 할 일.
   (비) 방식, 과정

⑤ 사람들이 모여서 함께 살아가는 곳.
   (예) ○○버스

⑦ 큰 몸집과 멋진 갈기가 있는 힘이 센 동물의 왕.

(예) 예시 (비) 비슷한말 (반) 반대말

2일 차 공부한 날   월   일

속담을 읽어 보고, 바르게 따라 써 보세요.

| 사 | 자 | | 없 | 는 | | 산 | 에 | | 토 | 끼 | 가 | | 왕 |
| 노 | 릇 | | 한 | 다 | . | | | | | | | | |

힘세고 뛰어난 사람이 없는 곳에서
보잘것없는 사람이 권력을 가진다는 말이에요.

가로 열쇠

① 머리를 예쁘게 자르고 꾸며 주는 곳.
   (비) 이발소

④ 재미있게 뛰어놀거나 함께 즐기는 활동.
   (비) 오락, 게임

⑤ 산이나 땅속을 뚫어서 지나가는 길처럼 만든 긴 통로.
   (예) 기차가 ○○을 통과했어요.

⑦ 높은 학년, 흔히 초등학교 5~6학년.
   (예) 저학년, 중학년

세로 열쇠

② 무섭거나 어려운 일을 해내려는 씩씩한 마음.
   (예) 이 어려운 것을 하다니, 이서는 참 ○○가 있군요.

③ 태어난 뒤로 살아온 시간을 숫자로 나타낸 것.
   (예) 저는 올해로 ○○가 8살이에요.

④ 그네나 미끄럼틀 같은 놀이기구가 있는 아이들이 노는 곳.

⑥ 다친 곳에 붙여서 보호해 주는 작은 약품.
   (예) 상처가 나면 연고를 바르고 ○○○를 붙여야 해요.

(예) 예시   (비) 비슷한말   (반) 반대말

3일 차 공부한 날   월   일

속담을 읽어 보고, 바르게 따라 써 보세요.

하늘이 무너져도 솟아날 구멍이 있다.

아무리 큰 고민이 있어도
꼭 해결할 수 있는 방법이 있다는 걸 말해요.

가로 열쇠

① 그림을 모아 놓은 책.
　(예) 글자가 많은 책보다는 ○○○이 좋아요.

③ 바닥이나 의자에 깔아서 엉덩이를 편안하게 해 주는 물건.
　(비) 쿠션

④ 세상에 태어난 날.
　(예) 오늘 내 ○○ 파티를 하는 날이에요.

⑤ 전에 있었던 일을 생각해 내는 것.
　(예) 오래된 일이라 ○○하는 것이 어려워요.

⑦ 슬프거나 아플 때 눈물이 나는 것.
　(예) 그녀는 슬퍼서 ○○을 터트렸어요.

세로 열쇠

① 하루 동안 있었던 일을 그림과 함께 쓰는 일기.

② 책을 갖추어 놓고 팔거나 사는 가게.
　(비) 서점

⑥ 잘못하지 않았는데 혼난 것처럼 속상한 느낌.
　(예) 아무 잘못도 없이 벌서는 것이 ○○해요.

(예) 예시　(비) 비슷한말　(반) 반대말

4일 차 공부한 날   월   일

속담을 읽어 보고, 바르게 따라 써 보세요.

| 개 | 구 | 리 | | 올 | 챙 | 이 | | 적 | | 생 | 각 |
| 못 | | 한 | 다. | | | | | | | | |

지난 일은 생각하지 못하고, 처음부터 그랬던 것처럼 잘난 체하는 걸 말해요.
그래서 항상 자신을 돌아보고 겸손하게 행동해야 해요.

가로 열쇠

② 글씨나 말을 하나하나 똑똑히 정확하게 하는 것.
   (예) 은우는 글씨를 ○○○○ 잘 쓰는군요.

⑤ 필요한 물건이나 돈을 빌려 쓰는 것.
   (예) 도서관에서 책을 ○○해서 읽었어요.

⑦ 학교에 처음 들어갈 때 축하하며 여는 행사.
   (반) 졸업식

⑧ 머릿속에서 재미있는 이야기를 만들어 보는 것.
   (예) 미래는 어떤 세상이 될지 ○○해 볼까요?

세로 열쇠

① 옛날에 마을을 다스리던 중요한 사람.
   (예) 춘향전에 나오는 변○○는 결국 암행어사에게 붙잡혔어요.

③ 두 손을 마주쳐서 짝짝 소리를 내는 것.

④ 여름에 먹는 초록색 껍질에 빨간 속이 있는 과일.

⑥ 어떤 곳에 들어가고 나오는 것.
   (예) 이곳은 들어가는 ○○문이에요.

⑧ 누구나 알고 있어야 할 쉬운 지식이나 사실.
   (예) 저는 동물에 대한 ○○ 퀴즈는 자신 있어요.

(예) 예시 (비) 비슷한말 (반) 반대말

5일 차 공부한 날   월   일

속담을 읽어 보고, 바르게 따라 써 보세요.

수박 겉 핥기.

맛있는 수박 속을 먹지 않고 딱딱한 수박 껍질만 핥고 있다는 뜻으로,
어떤 일을 할 때 겉모습만 보고 제대로 알지 못한다는 거예요.

1장 한글 퀴즈

1 반대말을 찾아 선으로 이어 보세요.

크다 • • 낮다
높다 • • 춥다
덥다 • • 울다
웃다 • • 작다

2 다음 뜻을 읽고 알맞은 낱말에 색칠해 보세요.

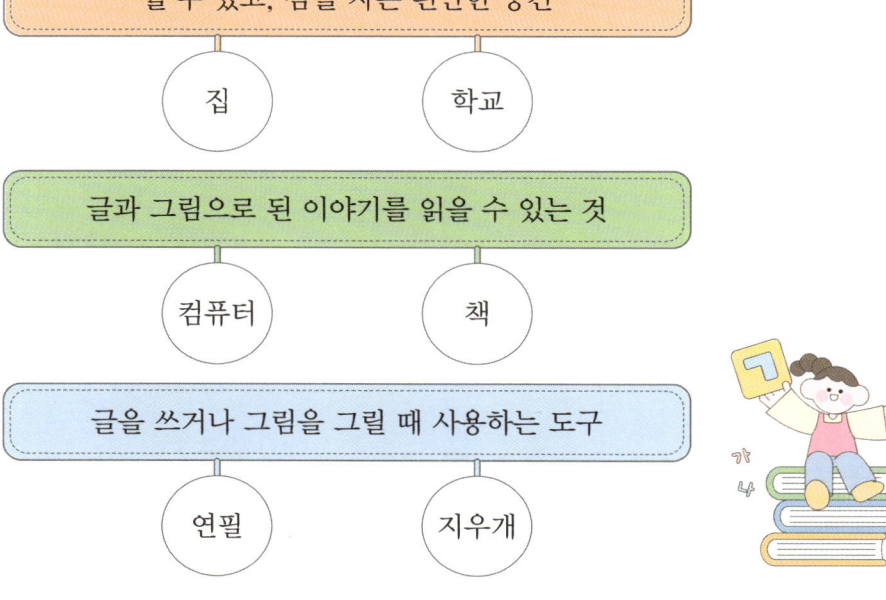

쉴 수 있고, 잠을 자는 편안한 공간
집   학교

글과 그림으로 된 이야기를 읽을 수 있는 것
컴퓨터   책

글을 쓰거나 그림을 그릴 때 사용하는 도구
연필   지우개

3. 토끼가 무서운 늑대를 피해 당근을 찾아갈 수 있도록 낱말을 바르게 쓴 곳을 따라가며 미로를 빠져나가 보세요.

가로세로 낱말퍼즐 06

가로 열쇠

① 지구의 대부분을 차지하고 있는 엄청 넓은 소금물.
　(반) 육지

② 숫자를 셀 때 맨 처음 수.
　(비) 일(1)

③ 일상에서 벗어나 다른 지역이나 나라로 이동하는 것.
　(예) 이번 주말에 제주도로 ○○을 가요.

④ 어린이들이 처음으로 다니는 학교.
　(예) ○○○○ → 중학교 → 고등학교

세로 열쇠

① 원숭이가 좋아하는 노랗고 길쭉한 과일.

② 아침부터 저녁까지.
　(예) 오늘 ○○ 너무 즐거웠어요.

③ 여름에 1학기가 끝나고 학교 수업을 쉬는 기간.
　(예) ○○○○이 시작되면 가족과 함께 캠핑을 가기로 했어요.

(예) 예시　(비) 비슷한말　(반) 반대말

속담을 읽어 보고, 바르게 따라 써 보세요.

하나만 알고 둘은 모른다.

어떤 사물에 대해 하나를 알려 주면 그것에만 집중하느라
잘못된 판단을 할 수 있다는 뜻이에요.

가로 열쇠

① 학교가 문을 처음 연 것을 기념하는 날.

⑤ 내 안에서 느껴지는 여러 가지 생각이나 감정.
  (예) 엄마의 따뜻한 말 한마디가 내 ○○을 편안하게 해 주었어요.

⑦ 매년 4월 5일. 나무를 심는 기념일.

⑨ 학교에 다니며 배우는 사람.
  (반) 선생님

세로 열쇠

② 학생들이 선생님으로부터 수업을 듣고 배우는 곳.

③ 매일 겪은 일이나 생각을 적는 개인의 기록.
  (예) 이번 겨울방학 숙제는 일주일에 두 번 ○○ 쓰기예요.

④ 나를 세상에 태어나도록 낳아 주신 분.
  (반) 아빠 (비) 어머니

⑥ 사람이 먹고 마시는 모든 것.
  (예) 우리는 ○○을 남기지 않고 다 먹었어요.

⑧ 학교에서 방학 등으로 한동안 쉬었다가 다시 수업을 시작하는 날.

(예) 예시 (비) 비슷한말 (반) 반대말

7일 차 공부한 날   월   일

속담을 읽어 보고, 바르게 따라 써 보세요.

티끌 모아 태산.

아무리 작은 티끌(먼지)이라도 모으면 큰 산이 될 수 있어요.
작은 노력이 모여 큰 결과를 이루어 낸다는 뜻이에요.

가로 열쇠

② 해답을 찾아야 하는 물음.
　(비) 과제　(예) 수학 ○○를 차근차근 풀어 보세요.

③ 보름날 밤에 뜨는 둥근달.
　(예) 둥근 ○○○이 환하게 떠오르고 있어요.

⑤ 계산을 빠르고 정확하게 할 수 있도록 도와주는 기구나 기계.

⑦ 남이 듣지 못하도록 작은 목소리로 이야기하는 소리나 모양.
　(예) 친구들과 귓속말로 ○○○○ 이야기를 나누었어요.

세로 열쇠

① 궁금한 것을 물어보는 것.
　(비) 물음

④ 두 발을 번갈아 움직여 빠르게 이동하는 것.
　(예) 우리 반에서 민준이가 제일 ○○○를 잘해요.

⑥ 소리 없이 입가에 머무는 웃음.
　(예) 활짝 웃는 ○○가 예뻐요.

(예) 예시　(비) 비슷한말　(반) 반대말

속담을 읽어 보고, 바르게 따라 써 보세요.

낮말은 새가 듣고 밤말은
쥐가 듣는다.

주변에 듣는 사람이 없는 것 같아도 다른 사람이 내 말을 들을 수 있어요.
비밀은 없으니 항상 말조심해야 한다는 뜻이에요.

가로세로 낱말퍼즐 09

가로 열쇠

① 어린 개. 어린 자식이나 손주를 귀엽게 이르는 말.
   예) 우리 ○○○, 할머니가 사탕 한 개 줄까?
③ 딱딱한 껍데기 두 개로 몸을 감싸고 있는 갯벌에 사는 동물.
   예) 우리 가족은 지난 주말에 갯벌에서 ○○를 캤어요.
⑤ 매년 12월 25일. 예수의 탄생을 축하하는 명절.
   비) 성탄절

세로 열쇠

② 우리가 사는 행성.
   예) ○○ 주변에는 달이 돌고 있어요.
④ 물가에 살면서 이동할 때 폴짝폴짝 뛰는 초록색 동물.
   예) 개굴개굴 ○○○가 노래를 해요.
⑥ 여름에 오랜 기간 지속되는 비.
   반) 가뭄
⑦ 눈 위에서 미끄러지듯 타는 겨울 스포츠.
   예) ○○를 신나게 탔더니 땀에 흠뻑 젖었어요.

예) 예시   비) 비슷한말   반) 반대말

9일 차 공부한 날   월   일

속담을 읽어 보고, 바르게 따라 써 보세요.

우물 안 개구리.

좁은 우물 안에 사는 개구리처럼 넓은 세상을 경험하지 못하고
우물 안에서 보는 게 세상의 전부라고 생각하는 사람을 뜻하는 말이에요.

가로 열쇠

① 막대기를 건반처럼 두고, 채로 쳐서 소리를 내는 악기.
 예 오답을 알리는 ○○○ 소리가 땡 울렸어요.

② 일정한 간격으로 끊어져 있는 선. 반 실선

④ 빙빙 비틀려 돌아간 모양의 껍데기가 있으며 느리게 움직이는 동물.
 예 비에 젖은 나뭇잎 위로 ○○○ 한 마리가 느릿느릿 기어가고 있어요.

⑤ 아이들이 그림을 그릴 때 주로 사용하는 짧은 막대 모양의 색칠 도구.

세로 열쇠

① 끊어짐 없이 한 줄로 이어진 선. 반 점선

③ 노래를 부를 때 사용하는 것으로 소리를 더 크게 키워 줌.
 예 아나운서는 ○○○ 앞에 앉아 또박또박 뉴스를 진행했어요.

④ 닭이 낳은 알. 비 계란

⑥ 음악에 맞춰 몸을 움직여 아름다움을 표현하는 예술.
 비 춤 예 한국 ○○, 현대 ○○

예 예시 비 비슷한말 반 반대말

속담을 읽어 보고, 바르게 따라 써 보세요.

백지장도 맞들면 낫다.

가벼운 물건도 함께 들면 더 쉽게 옮길 수 있는 것처럼
아무리 작고 쉬운 일이라도 함께하면 더 바르게 해낼 수 있다는 뜻이에요.

2장. 한글 퀴즈

1 동물에 어울리는 흉내 내는 말을 찾아 선으로 이어 보세요.

- 오리 •
- 거북이 •
- 매미 •
- 병아리 •

- • 엉금엉금
- • 삐악삐악
- • 뒤뚱뒤뚱
- • 맴맴

2 다음 초성을 보고 무엇인지 맞혀 보세요.

힌트 **동물**

- ㅋ ㄱ ㄹ •┈┈
- ㅋ ㄲ ㄹ •┈┈
- ㄷ ㄹ ㅈ •┈┈
- ㅍ ㄱ •┈┈
- ㄱ ㄹ •┈┈

힌트 **가족**

- ㅎ ㅁ ㄴ •┈┈
- ㅎ ㅇ ㅂ ㅈ •┈┈
- ㄴ ㄴ •┈┈
- ㅇ ㄴ •┈┈
- ㅅ ㅊ •┈┈

3 받침을 바르게 쓴 낱말을 선택하면 도토리를 얻을 수 있어요. 다람쥐가 도토리를 모두 얻을 수 있도록 낱말을 골라 보세요.

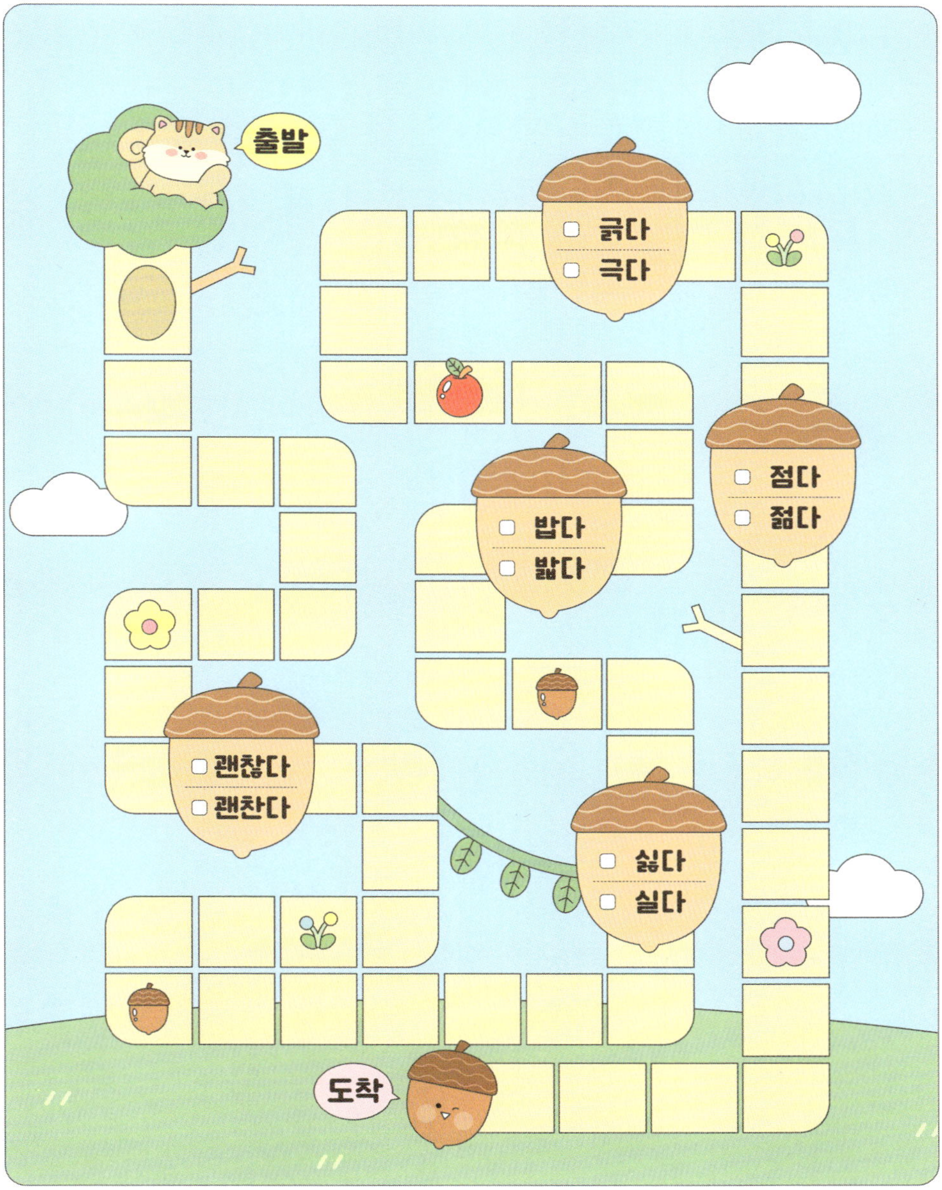

- ☐ 굵다
- ☐ 극다

- ☐ 점다
- ☐ 젊다

- ☐ 밥다
- ☐ 밟다

- ☐ 괜찮다
- ☐ 괜찬다

- ☐ 싫다
- ☐ 실다

가로 열쇠

② '잠'의 'ㅁ'처럼 글자 아래쪽에 있는 자음자를 말함.

③ 우리나라 고유의 문자. 세종 대왕이 만든 글자.
　(예) ○○은 자랑스러운 우리나라 글자예요.

⑤ 운동할 때 신는 신발.
　(예) 운동장에서는 ○○○를 신고 운동해요.

세로 열쇠

① 빗자루로 쓰레기를 받아 내는 도구.
　(예) 빗자루로 모은 쓰레기를 ○○○○에 담아서 휴지통에 버려요.

③ 우리나라의 전통 옷. 특히 조선 시대에 입던 옷.

④ 눈에 보이지는 않지만 느껴지는 힘이나 분위기.
　(예) 텅 빈 놀이터에 쓸쓸한 ○○이 느껴져요.

⑥ 사물의 성질이나 모양이 바뀌는 것.
　(비) 변동

(예) 예시　(비) 비슷한말　(반) 반대말

속담을 읽어 보고, 바르게 따라 써 보세요.

가는 말이 고와야 오는 말이 곱다.

자신이 다른 사람에게 말과 행동을 좋게 해야,
다른 사람도 자신에게 말과 행동을 좋게 한다는 뜻이에요.

가로 열쇠

② 북한에 있는 경치가 아름답기로 유명한 산.
   (예) ○○○ 찾아가자. 일만이천 봉. 볼수록 아름답고 신비하구나.

③ 금으로 만든 도끼.

⑤ 새의 입을 가리키는 말.
   (비) 주둥이

⑦ 주로 가죽으로 만든 서양식 신발.
   (예) 신발장에 있는 엄마, 아빠의 ○○를 정리했어요.

세로 열쇠

① 큰 동작으로 느리게 걷거나 기는 모양.
   (예) 거북이가 ○○○○ 기어가요.

④ 그림, 글씨, 책을 통틀어서 이르는 말.
   (비) 책, 서적

⑥ 부드럽고 밝은 소리가 나는 세로로 잡고 부는 악기.
   (비) 피리

(예) 예시 (비) 비슷한말 (반) 반대말

속담을 읽어 보고, 바르게 따라 써 보세요.

금강산도 식후경.

아무리 재미있는 일이라도 일단 배가 불러야 흥이 나지,
배가 고프면 아무 일도 할 수 없다는 뜻이에요.

가로 열쇠

② 사실이나 일을 조사하여 옳고 그름을 가리는 일.
　(예) 선생님께서 숙제를 ○○하셨어요.

③ 만나거나 헤어질 때 하는 말이나 행동.

⑤ 남을 어려움에 빠뜨리려는 꾀.
　(예) 나를 ○○에 빠뜨리다니!

⑦ 골짜기나 들에 흐르는 작은 물줄기.
　(비) 개천, 냇물

세로 열쇠

① 냇물에 크고 넓적한 돌을 드문드문 놓아 만든 다리.
　(예) 시냇물에 있는 ○○○○를 건너요.

④ 학교에서 학생들의 물건을 보관해 둘 수 있는 곳.
　(예) ○○○에서 준비물을 꺼내요.

⑥ 사물의 모양을 비추어 보는 물건.
　(예) ○○ 속에 비친 내 얼굴.

(예) 예시　(비) 비슷한말　(반) 반대말

13일 차 공부한 날   월   일

속담을 읽어 보고, 바르게 따라 써 보세요.

돌다리도 두들겨 보고 건너라.

튼튼한 돌다리도 두들겨 봐야 하는 것처럼,
아무리 확실한 일이라도 조심하고 신중히 해야 한다는 말이에요.

가로 열쇠

① 옛날이야기 〈흥부전〉에 나오는 욕심 많고 심술 많은 사람.
   (반) 흥부
② 사람과 비슷하게 생겼으며 나무를 잘 타는 동물.
③ 공사를 하는 장소.
   (예) ○○○ 주변은 위험하니 근처에 가지 마세요.
④ 많은 종류의 식물을 모아 기르고 전시하는 곳.
   (예) ○○○에는 나무, 꽃, 풀 등 다양한 종류의 식물이 있어요.
⑥ 춤을 즐겨 추는 사람이나, 춤추는 일을 직업으로 하는 사람.

세로 열쇠

① 돌아다니며 구경하거나 놀 수 있도록 여러 가지 시설이나 놀이기구가 있는 곳.
   (비) 놀이동산
⑤ 장사를 직업으로 하는 사람.
   (예) 시장에는 ○○○들이 많이 있어요.

(예) 예시 (비) 비슷한말 (반) 반대말

14일 차 공부한 날   월   일

속담을 읽어 보고, 바르게 따라 써 보세요.

원숭이도 나무에서 떨어진다.

아무리 익숙하고 평소에 매우 잘하던 사람이라도
가끔은 실수할 때가 있다는 뜻이에요.

가로세로 낱말퍼즐 15

가로 열쇠

① 건반을 손가락으로 누르거나 두드려서 소리를 내는 서양 악기.

② 높은 곳이나 낮은 곳으로 오르내릴 때 발로 딛는 도구.
  예) ○○○를 타고 다락방으로 올라가 보자.

④ 복잡해서 빠져나오기 힘든 길.
  예) 놀이공원 ○○에서 길을 잃을 뻔했어요.

⑥ 도로나 철로 위를 사람들이 안전하게 다닐 수 있도록 가로질러 놓은 다리.

세로 열쇠

① 손가락으로 막아 소리의 높낮이를 내는 구멍이 있는 악기. 입에 대거나 물고 부는 악기.
  비) 리코더

③ 옷이나 천의 주름이나 구김을 펴는 데 쓰는 도구.

⑤ 이탈리아의 수도. 세계적인 관광 도시로 유명함.

⑦ 어떤 과목을 가르치기 위한 책.
  예) 국어 ○○○, 수학 ○○○

예) 예시 비) 비슷한말 반) 반대말

15일 차 공부한 날   월   일

속담을 읽어 보고, 바르게 따라 써 보세요.

바늘 도둑이 소도둑 된다.

바늘을 훔치던 사람이 결국은 소까지도 훔친다는 뜻으로,
작은 나쁜 일을 반복하면 버릇이 되어 더 큰 죄를 저지른다는 뜻이에요.

3장 한글 퀴즈

1 다음 문장에 어울리는 낱말을 골라 동그라미 해 보세요.

가로등의 불빛이 보였다가 안 보였다가 (**깜빡깜빡** / **쨍쨍**)해요.

구급차가 (**쿵쿵** / **삐오삐오**) 소리를 내며 지나가요.

누가 내 이름을 부르는 것 같아 귀를 (**휘둥그레** / **쫑긋**) 하고 들었어요.

맛있는 국수를 (**쌩쌩** / **후루룩**) 먹었어요.

오랜만에 친척들이 모여서 (**도란도란** / **사각사각**) 이야기를 나누었어요.

2 다음 초성을 보고 무엇인지 맞혀 보세요.

힌트 **식물**

ㅈ ㅁ •----

ㅎ ㅂ ㄹ ㄱ •----

ㅋ ㅅ ㅁ ㅅ •----

ㅅ ㄴ ㅁ •----

ㅇ ㅎ ㄴ ㅁ •----

힌트 **채소**

ㅇ ㅇ •----

ㅇ ㅂ ㅊ •----

ㅂ ㄹ ㅋ ㄹ •----

ㅇ ㅍ •----

ㅅ ㄱ ㅊ •----

3 동물과 관련된 숨은 낱말을 가로, 세로, 대각선으로 찾아보세요.

숨은 낱말	고슴도치, 낙타, 부엉이, 사자, 토끼, 비둘기, 제비, 카멜레온

득	추	커	저	토	끼	터
비	부	낙	타	닌	민	사
둘	부	리	게	밀	리	자
기	콩	엉	카	접	널	무
왜	점	앤	이	멜	킬	선
선	고	슴	도	치	레	미
정	제	비	덤	축	골	온

가로세로 낱말퍼즐 16

가로 열쇠

① 집, 가게, 병원, 학교에서 하는 일을 흉내 내면서 하는 놀이.
  (예) 아이들이 놀이터에 모여 앉아서 ○○○○를 하고 있어요.

③ 겉으로 드러내 보임. (비) 상징
  (예) 지도에 빨간 동그라미로 우리 집 위치를 ○○했어요.

⑥ 소리를 낼 때 입을 크게 벌리거나 편안하게 나는 소리.
  (예) '가'에서 'ㅏ'는 ○○이에요.

세로 열쇠

① 잘 알려지지 않은 사실이나 새로운 내용을 알도록 해 주는 설명.
  (예) 선생님은 새로 온 친구를 ○○해 주셨어요.

② 이름을 적어서 가슴에 다는 표.

④ 시간을 재거나 시각을 보여 주는 물건.

⑤ 소리를 낼 때 입이나 목을 막거나 좁히면서 나는 소리.
  (예) '가'에서 'ㄱ'은 ○○이에요.

(예) 예시   (비) 비슷한말   (반) 반대말

속담을 읽어 보고, 바르게 따라 써 보세요.

세 살 적 버릇이 여든 까지 간다.

어릴 때 몸에 밴 버릇은 쉽게 고쳐지지 않는다는 말로,
어릴 때부터 나쁜 버릇이 들지 않도록 잘 배워야 한다는 뜻이에요.

가로 열쇠

① 정해진 줄거리를 가지고 하는 말이나 글. (예) 옛날○○○

③ 미리 준비해 놓은 물건.
   (예) 학교에 가져갈 ○○○을 가방에 넣었어요.

⑤ 말을 적는 데 사용하는 문자.
   (예) '사과'를 쓸 때, '사', '과' 이렇게 ○○ 두 개가 필요해요.

⑦ 여러 가지 물품을 한곳에 펼쳐 놓음.
   (예) 이번 달로 미술품 ○○를 마쳐요.

세로 열쇠

① 불이 발갛게 피어 불꽃이 어른어른 피어오르는 모양.
   (예) 장작불이 ○○○○ 타오르고 있어요.

② 뭔가를 나누거나 정할 때 도움을 주는 규칙.
   (예) 동물과 식물을 나누는 ○○은 무엇인가요?

④ 다른 사람에게 고맙거나 축하하는 마음을 표현하기 위해 주는 물건.
   (예) 생일 ○○

⑥ 명령하거나 안내하는 것.
   (예) 우리는 선생님의 ○○에 따라 책을 읽었어요.

(예) 예시 (비) 비슷한말 (반) 반대말

속담을 읽어 보고, 바르게 따라 써 보세요.

말 한마디에 천 냥 빚도 갚는다.

말의 힘이 크다는 말로, 듣는 사람의 기분을 좋게 하거나 진심이 담긴 말을 하면 큰 어려움을 해결할 수 있다는 뜻이에요.

가로 열쇠

① 비가 되어 점점이 떨어지는 물방울.
　예 굵은 ○○○이 뚝뚝 떨어졌어요.

② 사람이 앉을 수 있도록 만든 기구.
　예 ○○가 푹신해서 앉기가 편해요.

④ 소리가 무엇에 부딪쳐 되울려 나오는 현상.
　비 메아리　예 커다란 징을 치자 강한 ○○이 느껴졌어요.

⑥ 학생을 가르치는 사람.　반 학생
　예 스승의 날은 ○○○께 고마운 마음을 표현하는 날이에요.

세로 열쇠

① 먼지나 쓰레기를 쓸어 내는 도구.
　예 ○○○와 쓰레받기.

③ 속이 메슥메슥하여 계속 토할 것 같은 모양.
　예 자동차를 타면 멀미가 나서 속이 ○○○○해요.

⑤ 얇은 고무주머니 속에 공기를 넣어 부풀린 물건.
　예 ○○을 너무 크게 불면 터질지도 몰라요.

예 예시　비 비슷한말　반 반대말

18일 차 공부한 날   월   일

속담을 읽어 보고, 바르게 따라 써 보세요.

열 번 찍어 안 넘어가는 나무 없다.

아무리 뜻이 강한 사람이라도
여러 번 권하면 마음이 변한다는 뜻이에요.

가로 열쇠

② 불을 피울 때 생기는 연기를 밖으로 내보내는 길.
　(예) 공장 ○○에서 연기가 나오고 있어요.

④ 물을 데우거나 끓일 때 사용하는 물건.

⑤ 여자들이 나보다 나이가 많은 여자를 정답게 부르는 말.
　(예) 우리 ○○는 저보다 두 살이 더 많아요.

세로 열쇠

① 누워서 몸을 이리저리 구르며 노는 모양.　(비) 빈둥빈둥

③ 다치거나 사고가 날 걱정이 없는 상태.　(반) 위험

④ 작은 물건들을 넣기 위해 옷에 천을 덧대어 붙인 부분.
　(예) ○○○는 바지, 치마, 가방에 달려 있어요.

⑥ 몸을 움직이거나 가누는 모양.　(비) 동작
　(예) 공부할 때는 바른 ○○로 앉아야 해요.

(예) 예시　(비) 비슷한말　(반) 반대말

19일 차 공부한 날   월   일

속담을 읽어 보고, 바르게 따라 써 보세요.

구슬이 서 말이라도 꿰어야 보배다.

아무리 훌륭하고 좋은 것이라도 다듬고 정리하여 쓸모 있게 만들어 놓아야 값어치가 있다는 뜻이에요.

가로세로 낱말퍼즐 20

가로 열쇠

② 걸을 때 도움을 얻기 위해 짚는 긴 막대기.
　(예) 할머니는 ○○○를 짚고 걸어요.

④ 기분이 좋거나 재밌는 일이 있을 때 나오는 소리.　(반) 울음

⑤ 보라색, 초록색의 작고 동글동글한 열매가 서로 붙어 있는 과일.

⑧ 아주 가볍고도 재빠르고 크게 계속해서 움직이는 모양.
　(예) 숨이 차서 가슴이 ○○○○해요.

세로 열쇠

① 짙은 보랏빛이 나는 기다란 원통 모양의 채소.
　(예) ○○볶음은 내가 좋아하는 반찬이에요.

③ 우리가 사는 집 바로 옆이나 가까이에 사는 사람.
　(예) 먼 사촌보다 가까운 ○○이 낫다.

⑥ 여러 가지 모양으로 동그라미, 네모, 세모 같은 것.

⑦ 꽃에서 꿀을 모으는 노란색과 검은색 줄무늬가 있는 작은 곤충.

속담을 읽어 보고, 바르게 따라 써 보세요.

고래 싸움에 새우 등 터진다.

힘이 센 사람들끼리 다투거나 싸우면, 사이에 있는 약한 사람이나 전혀 상관없는 사람이 피해를 본다는 뜻이에요.

4장. 한글 퀴즈

1 〈보기〉 속 낱말을 사용해 짧은 문장을 완성해 보세요.

> **보기**
> 스르륵, 흔들흔들, 휘휘, 대롱대롱

코끼리가 코를 (   ) 휘저어요.

감나무에 감이 (   ) 달려 있어요.

미끄럼틀을 타고 (   ) 내려와요.

(   ) 그네를 타니 재밌어요.

2 다음 초성을 보고 무엇인지 맞혀 보세요.

힌트 | **장소**

ㅁㅌ •		ㅇㅎ •	
ㅍㅇㅈ •		ㅎㄱ •	
ㄱㅊㅅ •		ㅂㄱㅅ •	
ㅅㅂㅅ •		ㄷㅅㄱ •	
ㅂㅎㅈ •		ㄴㅇㄱㅇ •	

3 물건을 셀 때 쓰는 알맞은 낱말을 찾아 동그라미 해 보세요.

 (연필)	연필 한 [그루] [자루]
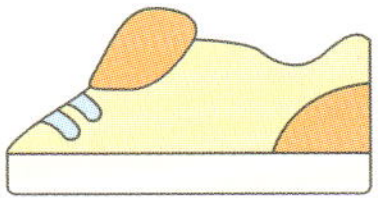 (신발)	신발 한 [켤레] [포기]
 (옷)	옷 한 [모] [벌]
 (차)	차 한 [통] [대]
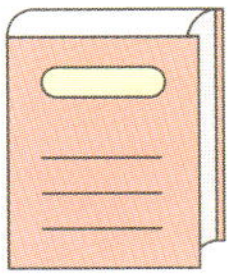 (책)	책 한 [권] [장]
 (꽃)	꽃 한 [송이] [마리]

가로 열쇠

① 우리나라를 대표하는 깃발. 예 ○○○가 바람에 펄럭여요.

② 닭과 함께 인삼, 대추, 찹쌀 등을 넣고 물을 부어 푹 끓인 음식.
예 날씨가 너무 더운 여름에 영양을 보충하려고 ○○○을 먹어요.

④ 생강과 계피를 달인 물에 설탕이나 꿀을 넣고 차갑게 먹는 우리나라 전통 음료.
예 ○○○에 곶감이나 잣을 동동 띄워서 마시면 더 맛있어요.

세로 열쇠

① 태양 주위를 돌고 있는 행성과 위성 등을 모두 뜻하는 것.
예 ○○○의 행성은 수성부터 해왕성까지 모두 여덟 개예요.

② 아버지의 형제 중 아버지보다 나이가 어린 사람을 부르는 말.
예 어머니의 남자 형제들은 외○○이라고 불러요.

③ 돼지고기를 튀긴 뒤 새콤달콤한 소스와 함께 먹는 중국요리.
예 ○○○에 소스를 뿌려 먹을까? 아니면 찍어 먹을까?

⑤ 나무에서 열리는 열매.
예 내가 제일 좋아하는 ○○은 사과예요.

예 예시 비 비슷한말 반 반대말

속담을 읽어 보고, 바르게 따라 써 보세요.

남의 잔치에 감 놓아라, 배 놓아라 한다.

자신과 상관없는 다른 사람의 일에 지나치게 참견하는 것을 말해요.

가로 열쇠

② 아침에 나팔 모양으로 피는 꽃.
   (예) ○○○의 줄기는 다른 식물에 감겨 올라가며 자라요.

④ 식물에 붙어 있는 각각의 잎.
   (비) 이파리

⑥ 찹쌀에 콩가루를 묻혀 만든 말랑말랑한 떡.
   (예) ○○○는 토스트나 빙수 위에 얹어 먹어도 맛있어요.

세로 열쇠

① 팔꿈치 위로 내려오는 짧은 소매의 옷.
   (반) 긴팔

② 나무에 붙어 있는 잎.
   (예) 바람이 불자 ○○○들이 바스락거리며 흔들렸어요.

③ 꽃을 이루고 있는 각각의 부드러운 조각 잎.
   (예) 봄바람에 ○○이 흩날리니 정말 예뻐요.

⑤ 봄, 여름, 가을, 겨울을 함께 부르는 말.
   (예) 우리나라는 ○○○이 뚜렷해요.

⑦ 배에 있는 바람이 빠지면서 나는 소리.
   (비) 가스

(예) 예시 (비) 비슷한말 (반) 반대말

22일 차 공부한 날   월   일

속담을 읽어 보고, 바르게 따라 써 보세요.

누워서 떡 먹기.

하기 아주 쉬운, 쉽게 해낼 수 있는 일을 말해요.

가로 열쇠

② 길이나 건물 등을 미리 약속한 모양으로 자세히 나타낸 그림.
  예 길을 잃었을 때는 ○○를 보면 방향과 위치를 알 수 있어요.

③ 어떤 사람의 특징을 살려 이름 대신 부르는 말.
  예 내 짝꿍은 키가 커서 기린이라는 ○○이 생겼어요.

④ 바람을 이용하여 연을 하늘 높이 띄우는 놀이.
  예 오늘은 바람이 많이 불어서 ○○○○하기 좋아요.

세로 열쇠

① 다 쓴 휴지나 쓰레기를 버리는 통.
  비 쓰레기통

③ 여러 개의 별을 이어 만든 모양.
  예 북두칠성은 국자 모양의 ○○○예요.

④ 익숙해지도록 반복해서 익히는 것.
  예 피아노를 잘 치고 싶어서 ○○을 많이 했어요.

⑤ 객차를 여러 개 연결한 뒤 철도 위를 달리는 기다란 차량.
  비 열차, 기관차

예 예시 비 비슷한말 반 반대말

23일 차 공부한 날 월 일

속담을 읽어 보고, 바르게 따라 써 보세요.

구르는 돌에는 이끼가
끼지 않는다.

무슨 일이든지 쉬지 않고 꾸준히 노력하면
계속 실력이 늘어난다는 뜻이에요.

가로 열쇠

② 조선 시대 만들어진 서울의 사대문 중 동쪽에 있는 것.
　(예) '동동 ○○○을 열어라.' 노래를 부르면서 대문 놀이를 해요.

③ 남쪽에 있는 바다.
　(예) 우리나라 ○○에는 크고 작은 섬이 많아요.

④ 학용품 등 문구류를 파는 가게.
　(비) 문방구, 문방구점

⑥ 칫솔에 치약을 묻혀 이를 닦고 물로 헹구는 것.
　(예) ○○를 잘해야 충치가 생기지 않아요.

세로 열쇠

① 어떤 모임에 다른 사람을 부르는 것.
　(예) 생일 파티를 하려고 친구들을 집에 ○○했어요.

② 동쪽에 있는 바다.
　(예) ○○에서는 아침 바다 위로 떠오르는 해돋이를 볼 수 있어요.

③ 조선 시대에 만들어진 서울의 사대문 중 남쪽에 있는 것.
　(예) 숭례문이라고도 불리는 ○○○은 우리나라 국보예요.

⑤ 어떤 물건에 나타낸 무늬나 모양.
　(예) 도자기에 새겨진 전통 ○○이 아름다워요.

(예) 예시　(비) 비슷한말　(반) 반대말

속담을 읽어 보고, 바르게 따라 써 보세요.

바다는 메워도 사람의
욕심은 못 채운다.

사람의 욕심은 끝이 없어서
무엇으로도 채울 수 없다는 말이에요.

가로세로 낱말퍼즐 25

가로 열쇠

② 먹거나 만지기에 부드러운 느낌.
   (비) 물렁물렁 (예) ○○○○한 젤리를 맛있게 먹었어요.

④ 퇴계라는 호를 가진 조선 시대의 학자.
   (예) 천 원짜리 지폐에는 ○○의 얼굴이 그려져 있어요.

⑥ 얇게 썬 고기를 간장에 양념해서 불에 구워 먹는 우리나라 전통 음식.
   (비) 너비아니 (예) 점심으로 상추에 ○○○를 싸서 먹었어요.

세로 열쇠

① 자신의 장점이나 칭찬받을 부분을 남들에게 드러내어 말함.
   (비) 과시, 뽐내기, 내세우기

③ 깊은 산속에 사는 매우 사납고 무서운 동물. 누런 갈색에 검은색 줄무늬가 있음.
   (예) ○○○랑 사자가 싸우면 누가 이길까요?

⑤ 먼 곳에서부터 바람에 날려 오는 누런 모래.
   (예) 봄에 ○○가 심한 날에는 마스크를 써야 해요.

⑦ 탐험 등의 활동을 할 때 중심 장소가 되는 곳.
   (예) 놀이터에서 친구들과 비밀 ○○를 만들었어요.

(예) 예시 (비) 비슷한말 (반) 반대말

속담을 읽어 보고, 바르게 따라 써 보세요.

호랑이도 제 말 하면 온다.

다른 사람에 관한 이야기를 하는데 갑자기 그 사람이 나타났을 때 하는 말이에요.
어디서든 그 자리에 없다고 남을 흉봐서는 안 돼요.

5장 한글 퀴즈

1. 선을 따라 내려가서 계절에 어울리는 낱말을 〈보기〉에서 찾아 써 보세요.

보기
단풍, 개나리, 눈썰매, 물놀이

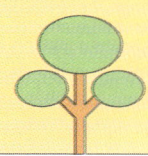

2 우리나라 음식을 파는 식당 메뉴판에 글자가 지워졌어요. 지워진 글자를 적고, 아래 빈 그릇에 음식을 그려 보세요.

| 집채 | 비빔밥 | ㄱ치 | 야과 |

3 우리나라 명절과 관련된 낱말을 찾아 색칠해 보세요.

크리스마스	피자	추석	어린이날
초콜릿	설날	스승의날	떡국
어버이날	핼러윈	윷놀이	아이스크림
송편	졸업식	주먹밥	세배
성묘	수영장	꽃구경	만두

가로세로 낱말 퍼즐

문제도 출발!

가로 열쇠

① 학교에서 선생님이 가르쳐 주는 시간.

② 물건을 사고파는 일.

④ 아픈 사람을 치료해 주는 일을 하는 사람.

⑥ 자동차가 다니는 길. (반)인도, 보행로

⑧ 사람들이 모여 살고, 법과 규칙이 있는 큰 땅.
(예) 일제 강점기에 ○○를 잃고 슬픔에 빠졌어요.

⑩ 비눗물로 만든 둥글고 투명한 방울.

세로 열쇠

① 물에서 헤엄치고 놀 수 있는 곳.

③ 아주 가볍고 조심스럽게 걷는 모습.
(예) 발레리나는 가볍게 ○○○○ 춤을 춰요.

⑤ 놀이공원에서 볼 수 있는 커다란 바퀴 모양의 놀이기구.

⑦ 몸으로 돌리면서 놀 수 있는 둥근 링.
(예) ○○○○를 허리랑 목으로 돌릴 수 있어요.

⑨ 물건을 넣거나 들고 다닐 수 있는 것.
(비) 책가방

(예) 예시 (비) 비슷한말 (반) 반대말

26일 차 공부한 날   월   일

명언을 읽어 보고, 바르게 따라 써 보세요.

나라를 위해 몸 바치는 것은 군인의 본분이다. - 안중근

나라를 지키는 군인은 나라와 사람들을 보호하기 위해 노력해야 한다는 뜻이에요.

가로 열쇠

① 보통 사람은 할 수 없는 신기한 힘이나 능력.
  예) 텔레파시, 순간 이동
② 종이접기를 할 때 사용하는 여러 가지 색깔이 있는 종이.
④ 집이나 교실 안에서 신는 깨끗한 신발.
⑥ 허리부터 다리 부분까지 하나로 이어진 옷으로 여자들이 주로 입는 것.
  예) 운동할 때 ○○를 입고 있으면 불편해요.
⑦ 물, 우유, 커피, 차와 같이 마실 수 있는 것.

세로 열쇠

① 나뭇잎처럼 푸르고 싱그러운 색깔. 비) 녹색
③ 딸랑딸랑, 땡땡 하고 울리는 종이 내는 소리.
  예) 학교에서 쉬는 시간이 되면, ○○○가 울려요.
⑤ 소변이나 대변을 보러 가는 곳.
⑥ 아프거나 다친 곳을 다스려 낫게 하거나 고치는 것. 비) 치유, 회복
⑦ 목소리, 악기, 박자, 리듬이 어우러져서 만들어지는 예술.
  예) 오늘은 학교에서 ○○ 시간에 '곰 세 마리' 노래를 배웠어요.

예) 예시 비) 비슷한말 반) 반대말

명언을 읽어 보고, 바르게 따라 써 보세요.

| 어 | 린 | 이 | 는 | | 한 | | 나 | 라 | 의 | | 미 | 래 | 이 | 며 , |
| 우 | 리 | 의 | | 희 | 망 | 이 | 다 . | | | | | - | 방 | 정 | 환 |

어린이가 자라서 나라를 이끌고,
더 나은 세상을 만들게 될 것이라는 뜻이에요.

가로 열쇠

① 거짓말을 하면 코가 길어지는, 나무로 만든 인형.

③ 멀리서도 TV나 에어컨 같은 기계를 버튼을 눌러 조종하는 도구.

⑤ 노래, 춤, 연극 등 공연을 하는 곳.

⑦ 한 주의 두 번째 날.
   (예) 월요일, ○○○, 수요일, 목요일

⑩ 자신의 생각이나 마음을 글로 써서 다른 사람에게 보내는 것.
   (비) 쪽지

⑪ 그림 속에 숨겨진 물건을 찾아내는 놀이.

세로 열쇠

② 물가에서 살며, 부리는 납작하고 발에는 물갈퀴가 달린 동물.
   (예) 강아지는 멍멍, ○○는 꽥꽥.

④ 머리에 써서 햇빛을 가려 주거나 따뜻하게 해 주는 물건.

⑥ 서로 이야기를 주고받는 것.
   (비) 얘기, 담화

⑧ 오늘이 지나고 오는 날. (반) 어제

⑨ 종이를 접어서 만든 딱지를 땅에 놓고, 다른 딱지로 쳐서 뒤집는 놀이.

(예) 예시 (비) 비슷한말 (반) 반대말

명언을 읽어 보고, 바르게 따라 써 보세요.

멈	추	지	만		않	는	다	면		천	천	히		가	도
상	관	없	다	.									-	공	자

어떤 목표를 이루고자 할 때, 포기하지 않고
꾸준히 나아가는 게 중요하다는 뜻이에요.

가로 열쇠

② 기분이 좋아서 팔다리로 흥겹게 춤을 추는 모습.
  예) 백 점을 맞아서 아빠가 ○○○○ 춤을 추셨어요.
④ 음악에서 '쿵쿵, 딱딱' 하는 규칙적인 소리의 흐름.
  예) ○○에 맞춰 노래를 불러요.
⑥ 우리나라의 수도이며, 많은 사람이 사는 도시.
⑧ 납작한 돌을 던져서 땅에 있는 다른 돌을 맞히는 놀이.
  비) 돌치기
⑩ 어떤 물건이 얼마나 무거운지 나타내는 것.
  예) 나의 몸○○는 25킬로그램이에요.

세로 열쇠

① 우리가 지금 보고 듣고 느끼는 세상. 반) 이상
③ 뭉쳐서 한 덩이가 된 것.
⑤ 책이 많이 있어서 책을 빌리거나 읽을 수 있는 조용한 공간.
⑦ 연극이나 영화, 드라마에서 배우가 하는 말이나 이야기.
  비) 대화, 대본
⑨ 이를 깨끗하게 닦을 때 사용하는 것으로 칫솔에 묻혀 사용함.
⑩ 사람이 살지 않는 외딴섬.

예) 예시 비) 비슷한말 반) 반대말

명언을 읽어 보고, 바르게 따라 써 보세요.

| 독 | 서 | 는 | | 지 | 식 | 을 | | 넓 | 히 | 고 | , | | 인 | 생 | 을 |
| 변 | 화 | 시 | 킨 | 다 | . | | | | - | 오 | 프 | 라 | | 윈 | 프 | 리 |

책을 읽으면 새로운 지식을 배우게 되고,
우리 삶을 더 나은 방향으로 바꿀 수 있다는 뜻이에요.

가로 열쇠

① 가족과 함께 다니는 여행.
　(예) 이번 주말에 ○○○○을 가요.

④ 큰 부분에서 작은 부분을 잘라 낸 것.
　(예) 케이크를 여러 ○○으로 나눠서 먹었어요.

⑤ 배운 것을 잘 기억하는지 평가하는 일.
　(예) 수학 ○○에서 백 점을 맞아서 기분이 좋아요.

⑥ 자신이 실제로 해 보는 것.
　(비) 체험

⑦ 박물관이나 도서관 같은 큰 곳을 책임지고 관리하는 사람.

⑩ 넘어지거나 다쳤을 때 생기는 아픈 곳.

세로 열쇠

② 주둥이가 길고 뾰족하고, 꼬리는 굵고 긴 동물.

③ 남의 조종에 따라 움직이는 사람을 이르는 말.

⑥ 나쁜 일을 막고 사람들을 지켜 주는 직업.

⑧ 가지고 놀 수 있는 재미있는 물건.

⑨ 위험할 때 빨리 대피할 수 있는 출입구.
　(예) 화재가 발생하면, ○○○로 나가야 해요.

(예) 예시　(비) 비슷한말　(반) 반대말

30일 차 공부한 날   월   일

명언을 읽어 보고, 바르게 따라 써 보세요.

| 경 | 험 | 은 | | 곧 | | 지 | 식 | 이 | 다 | . |
| | | | | | | - | 존 | | 듀 | 이 |

우리가 실제로 겪고 느끼는 경험을 통해
배우는 것이 중요한 지식이라는 뜻이에요.

6장. 한글 퀴즈

1 띄어쓰기에 맞게 문장을 또박또박 써 보세요.

친	구	와	무	엇	을	할	까	?		

사	람	이	많	은	곳	에	왔	어	.		

2 신체 부위와 관련된 낱말을 찾아 색칠해 보세요.

해	달	별	구름
겨울	머리	비	발
눈	바람	손	가을
나무	코	봄	귀
숲	꽃	입	여름

3 탈것과 관련된 숨은 낱말을 가로, 세로, 대각선으로 찾아보세요.

| 숨은 낱말 | 버스, 유람선, 택시, 기차, 우주선, 자동차, 잠수함, 지하철 |

국	회	우	주	선	인	지
레	사	둘	기	푸	트	하
암	유	낫	차	로	학	철
버	스	람	코	택	시	크
사	적	세	선	켓	막	자
잠	수	함	리	포	동	열
장	력	몸	숨	차	안	섬

가로 열쇠

① 쇠를 끌어당기는 성질을 가진 물체.

③ 국악에서 춤, 노래의 길고 짧은 빠르기나 가락.
   (비) 박자 (예) 북소리 ○○이 덩더꿍 울려요.

⑤ 빛이 밝게 빛나는 모양. (예) ○○○○ 작은 별, 아름답게 비치네.

⑧ 아름다운 날개를 가지고 꽃 사이를 날아다니는 곤충.
   (예) 호랑○○가 훨훨 날아갔어요.

⑩ 조개 모양으로, 손에 쥐고 쳐서 소리를 내는 타악기.
   (예) ○○○○○ 짝짝짝, 탬버린은 찰찰찰, 트라이앵글은 칭칭칭.

세로 열쇠

① 사람이 타고 앉아서 페달을 밟고 바퀴를 돌려야 움직이는 탈것.

② 사람이 길을 건널 수 있도록 차도에 표시된 공간.

④ 어디에 있든 북쪽을 가리키는 바늘이 있는, 동서남북 방향을 알려 주는 도구.

⑥ 짝을 이루는 친구. (비) 단짝

⑦ 봄을 알리는 대표적인 노란 꽃. (예) 길가에 노란 ○○○가 활짝 피었어요.

⑨ 놀이터에서 몸을 움직여 앞뒤로 왔다 갔다 하면서 타는 것.
   (예) 이 도령은 멀리서 ○○를 뛰는 춘향이를 바라보았어요.

(예) 예시 (비) 비슷한말 (반) 반대말

명언을 읽어 보고, 바르게 따라 써 보세요.

지식보다 중요한 것은 상상력이다. -아인슈타인

세상을 바꿀 새로운 아이디어는 지식이 아닌, 상상력에서 나온다는 뜻이에요.

가로 열쇠

① 매년 6월 6일. 나라를 위해 희생하신 분들에게 감사하는 마음을 되새기는 중요한 날.

② 학교에서 실내 체육 수업이나 운동 활동 등을 하는 곳.

④ 멀리 있는 곳도 쉽고 편하게 갈 수 있는 네 바퀴로 이동하는 차.
  (비) 자가용

⑥ 월요일부터 일요일까지, 7일.
  (예) 저는 아파서 ○○○ 내내 학교에 가지 못했어요.

⑦ 해가 뜰 때부터 낮 열두 시까지의 시간. (비) 아침

세로 열쇠

① 교실 밖에서 체험을 중심으로 이루어지는 학습. (비) 견학, 소풍

③ 오스트리아의 작곡가로 〈자장가〉를 작곡함.

④ 짙은 남빛을 띤 붉은색으로 보라색에 빨간색을 조금 섞으면 나오는 색.

⑤ 한 주를 마무리하는 토요일 다음 날.
  (예) 기러기, 토마토, 스위스, 역삼역, ○○○은 앞뒤 글자가 똑같아요.

⑦ 낮 열두 시부터 해가 질 때까지의 시간.
  (예) 평일에는 도서관이 ○○ 6시에 문을 닫아요.

(예) 예시 (비) 비슷한말 (반) 반대말

32일 차 공부한 날   월   일

명언을 읽어 보고, 바르게 따라 써 보세요.

부드러움이 강함을 이긴다.
— 노자

겉으로 보기에는 약하고 부드러운 것이 오히려
강하고 단단한 것을 이길 수 있다는 뜻이에요.

가로 열쇠

② 슬픈 마음이나 느낌. (반)기쁨
③ 남이 알아차리지 못하도록 눈치를 살피면서 조심스럽게 행동하는 모양. (비)몰래, 살금살금
⑤ 앉아서 미끄러져 내려올 수 있도록 비스듬하게 만들어진 놀이기구.
(예) 우리는 놀이터에서 ○○○○을 타면서 놀았어요.
⑧ 부모의 아버지. 또는 나이 많은 남자를 친근하게 이르는 말.

세로 열쇠

① 비가 가늘고 부드럽게 내리는 모양. (비)부슬부슬
④ 주말을 앞둔 요일.
(예) 어제가 ○○○이었으니까 오늘은 토요일이에요.
⑥ 몸을 구부리거나 비틀어서 움직이는 모양.
(비)굼틀굼틀 (예) 애벌레가 ○○○○ 기어가요.
⑦ 겉에 털이 있고 분홍색을 띠는, 모양이 동글동글한 여름에 먹는 달콤한 과일.
⑨ 허리에서 발목까지 두 다리를 감싸는 옷. (반)치마

(예) 예시 (비) 비슷한말 (반) 반대말

33일 차 공부한 날   월   일

명언을 읽어 보고, 바르게 따라 써 보세요.

| 아는 | 것이 | 힘이다. |
| - 프랜시스 | 베이컨 |

지식이야말로 세상을 바꾸고
움직이는 진정한 힘이라는 뜻이에요.

가로 열쇠

② 술래가 다른 사람들을 쫓아가 잡는 놀이.

④ 안에 검은색 심이 있는, 글씨를 쓰거나 그림을 그리는 도구.

⑥ 가족이 아닌 성인 남자를 부르는 말. (반) 아주머니

⑦ 다른 사람이 하는 말을 듣고 그대로 글로 옮겨 쓰는 것.
  (예) 오늘 ○○○○를 했는데 백 점을 맞았어요.

⑨ 세상에 없던 완전히 새로운 걸 만드는 것. (비) 개발

세로 열쇠

① 하늘을 나는 기계로 라이트 형제가 최초로 만듦.

③ 속임수를 써서 관객에게 불가능해 보이는 일을 보여 주는 기술.
  (비) 요술 (예) "수리수리 마수리 얍!" 하고 ○○을 부려요.

⑤ 연필이나 지우개 등의 필기구를 넣어 두는 통.

⑥ 날이 밝아 올 때부터 해가 떠올라 하루의 일이 시작될 때까지의 시간.
  (예) 학교에 가기 전에 ○○밥을 먹어요.

⑧ 한글 자음의 첫 순서로 오는 글자.
  (예) 한글 자음을 읽어 봐요. ○○, 니은, 디귿, 리을, 미음, 비읍.

⑨ 세상에 있지만, 아직 알려지지 않았던 것을 찾아내는 것.
  (비) 발굴 (예) 콜럼버스는 신대륙을 ○○했어요.

(예) 예시 (비) 비슷한말 (반) 반대말

34일 차 공부한 날　　월　　일

명언을 읽어 보고, 바르게 따라 써 보세요.

그들이 했다면 나 또한 할 수 있다. －정약용

과거의 위인들처럼 나도 노력하면
훌륭한 사람이 될 수 있다는 뜻이에요.

가로 열쇠

② 굵은 줄기 끝에 작은 녹색 꽃봉오리가 여러 개 달린 채소.
　(예) ○○○○는 샐러드, 수프 등 다양한 요리에 활용할 수 있어요.
③ 개와 비슷하게 생겼지만 훨씬 크고 힘이 세며, 야생에서 무리를 지어 살아감.
⑤ 거미가 꽁지에서 실을 뽑아 만든 그물.
⑦ 대한민국 동쪽 끝에 있는 작은 섬.
　(예) 누가 뭐래도 ○○는 우리 땅이야.
⑨ 몹시 시끄러운 모양.　(비) 떠들썩

세로 열쇠

① 입구가 좁고 배가 불룩한 옹기.　(비) 독, 단지
④ 질문에 응하는 말.
　(예) 선생님의 질문에 제가 ○○했어요.
⑥ 두 편으로 나눠 굵은 줄을 서로 잡아당겨 승부를 겨루는 놀이.
⑧ 음식을 간편하게 가지고 다닐 수 있는 뚜껑이 있는 그릇.
　(예) ○○○에는 맛있게 보이는 김밥이 가득했어요.
⑩ 양쪽 끝에 사람이 타고 번갈아 가며 오르락내리락하는 놀이기구.

(예) 예시　(비) 비슷한말　(반) 반대말

35일 차 공부한 날   월   일

명언을 읽어 보고, 바르게 따라 써 보세요.

천하에 재능 하나 없는 사람은 없다.   - 정조

세상 모든 사람은 누구나
저마다의 재능을 가지고 태어난다는 뜻이에요.

7장. 한글 퀴즈

1 반대말을 찾아 선으로 이어 보세요.

깨끗하다	•	•	느리다
좋다	•	•	더럽다
밝다	•	•	싫다
빠르다	•	•	어둡다

2 다음 초성을 보고 수수께끼 정답을 맞혀 보세요.

① 불고기의 반대말은?   ㅁ ㄱ ㄱ

② 한국 사람들이 다 같이 쓰는 가위는?   ㅎ ㄱ ㅇ

③ 같은 날 함께 태어났지만, 키가 모두 다른 형제는?   ㅅ ㄱ ㄹ

④ 과일 중에서 가장 뜨거운 과일은?   ㅊ ㄷ ㅂ ㅅ ㅇ

⑤ 편식하는 사람도 먹을 수밖에 없는 것은?   ㄴ ㅇ

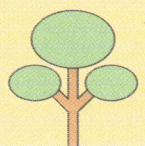

3 직업과 관련된 숨은 낱말을 가로, 세로, 대각선으로 찾아보세요.

| 숨은 낱말 | 만화가, 요리사, 선생님, 의사, 소방관, 가수, 크리에이터, 경찰관 |

만	화	가	관	선	두	리
적	엄	독	수	관	생	종
크	절	경	사	달	더	님
리	가	영	찰	우	자	화
에	리	소	방	관	두	요
이	관	심	구	기	리	종
터	시	우	의	사	당	마

91

가로 열쇠

① 문장이 끝날 때 쓰는 여러 가지 기호.
　(예) ○○○○에는 '?', '!' 등이 있어요.
③ '안녕하세요.'와 같이 인사할 때 쓰이는 말.
⑤ 오리와 비슷하게 생긴 철새.
　(예) ○○○는 거꾸로 읽어도 이름이 같아요.
⑦ 엄마 혹은 아빠의 어머니.
⑧ 식사 후 이에 낀 음식을 없애는 얇은 막대기.

세로 열쇠

① 낱말들이 모여서 하나의 생각을 나타낸 말.
　(예) 다음 ○○에서 맞춤법이 틀린 표현을 고쳐 보세요.
② 돈이나 재산이 넉넉한 사람.
　(비) 자산가
④ 문제를 일으키거나 규칙을 어기는 사람.
　(비) 장난꾸러기
⑥ 다른 사람이 하는 일을 따라 하는 놀이.

(예) 예시　(비) 비슷한말　(반) 반대말

36일 차 공부한 날   월   일

명언을 읽어 보고, 바르게 따라 써 보세요.

인생은 짧고 예술은 길다.
- 히포크라테스

이 말에서 예술은 기술이나 의술, 배움 등을 뜻하며
배움에는 끝이 없다는 말이에요.

가로 열쇠

② 나와 상대방, 다른 사람들을 모두 포함하는 말.
　예 ○○나라, ○○말
④ 나와 다르다는 이유로 차이를 둬서 대하는 것.　반 평등
⑥ 별을 하나의 세계로 여기는 말.
　예 ○○○로 가는 꿈을 꾸었어요.
⑨ 밀가루를 반죽하여 적당한 크기로 떼어 국에 넣고 끓인 음식.
⑩ 모든 사람이 마땅히 누려야 할 당연한 자격.
　예 모든 어린이는 학교에 갈 ○○가 있어요.

세로 열쇠

① 겨루어서 이기는 것.　반 패배
② 별, 행성, 은하계 등을 모두 포함하는 공간.
　예 ○○는 너무 커서 끝이 없어요.
③ 말이 이끄는 차량.
⑤ 우주에서 지구로 빛을 내며 떨어지는 작은 물체.　비 유성
⑦ 나무의 줄기에서 뻗어 나는 것.
　예 ○○○○에 실처럼 날아든 솜사탕.
⑧ 머리 위 가운데.　비 머리꼭지

예 예시　비 비슷한말　반 반대말

명언을 읽어 보고, 바르게 따라 써 보세요.

천		리		길도		한		걸음부터.
								－노자

무슨 일이든
처음 시작이 중요하다는 뜻이에요.

가로 열쇠

② 경찰서보다 작은 곳에서 경찰관이 일하는 장소.

③ 생일을 높여 부르는 말.
  예) 아빠, ○○ 축하드려요.

④ 놀라거나 무서워서 눈이 크고 동그랗게 되는 모양.
  예) 깜짝 놀라서 눈을 ○○○○ 떴어요.

⑤ 우리나라 사람의 말.

⑦ 외국에 대해 우리나라를 대표하는 최고 지도자.
  예) ○○○ 후보, ○○○ 선거

세로 열쇠

① 이탈리아식으로 만든 국수 요리.

③ 마음속에 지도를 그리듯이 생각이나 내용을 그물 모양으로 정리하는 방법.
  예) 학교와 관련된 낱말을 ○○○○로 써 보세요.

⑤ 소의 젖.

⑥ 남의 말을 받아들이지 않고 자기 의견을 바로 말하는 것.
  비) 말대답

예) 예시   비) 비슷한말   반) 반대말

38일 차 공부한 날   월   일

명언을 읽어 보고, 바르게 따라 써 보세요.

| 하 | 루 | 라 | 도 | | 책 | 을 | | 읽 | 지 | | 않 | 으 | 면 | | 입 |
| 안 | 에 | | 가 | 시 | 가 | | 돋 | 는 | 다 | . | | - | 안 | 중 | 근 |

매일 책을 읽고 생각하는 것의 중요성을 강조한 말이에요.

가로 열쇠

② 바다에서 물이 위로 올라갔다가 내려가는 것.

③ 더운 지역에서 자라는 과일로 단단한 껍질이 뾰족뾰족하며 속은 달콤한 노란색 과일.

④ 자꾸 반복해서 몸에 익혀진 행동.　비 습관

⑥ 서양식 음식점.　비 식당

⑨ 다른 사람이 가진 것을 부러워하는 마음.　비 샘

세로 열쇠

① 일이 진행되는 빠르기.　비 속력

② 군데군데 파르스름한 모양.
  예 봄에 나무가 ○○○○해져요.

⑤ 알에서 나와 식물의 줄기나 잎을 먹으며 기어다니는 벌레.
  비 새끼벌레　예 알 → ○○○ → 번데기 → 성충

⑦ 나무에서 떨어지는 작은 열매로 다람쥐가 좋아함.

⑧ 식사 외에 과일이나 과자 같은 음식을 먹는 일.　비 간식

⑩ 화살을 던져서 항아리에 넣는 전통 놀이.

예 예시　비 비슷한말　반 반대말

39일 차 공부한 날   월   일

명언을 읽어 보고, 바르게 따라 써 보세요.

실패는 성공의 어머니.
– 에디슨

실패를 통해 배우고 성장할 수 있어요.
실수를 두려워하지 않으면 그것을 통해 더 나아질 수 있다는 뜻이에요.

가로 열쇠

② 똑똑하고 지혜롭게 일을 처리하는 재능.
  예) 전래 동화에서는 조상들의 ○○를 배울 수 있어요.

③ 나이가 많은 어른. 비) 윗사람

④ 열매 등이 많이 달린 모양.
  예) 나무에 사과가 ○○○○ 달려 있어요.

⑤ 사는 곳을 행정 구역으로 나타낸 이름.
  예) 우리 집 ○○는 행복동 사랑아파트 101동 201호예요.

⑥ 아주 큰 돌. 예) 흔들○○

⑦ 다른 것보다 앞서서 하는 것. 반) 나중

⑨ 어떤 일을 끝내는 것. 비) 끝내기

세로 열쇠

① 느리고 편안하게 걷는 모양.
  예) 호랑이가 ○○○○○○ 걷고 있어요.

⑤ 놀이할 때 던지는 정육면체 모양의 물건.
  예) ○○○에는 1부터 6까지 점이 있어요.

⑧ 한복의 윗옷.

예) 예시 비) 비슷한말 반) 반대말

명언을 읽어 보고, 바르게 따라 써 보세요.

| 남 | 에 | 게 | | 대 | 접 | 을 | | 받 | 고 | 자 | | 하 | 는 | | 대 |
| 로 | | 남 | 을 | | 대 | 접 | 하 | 라 | . | | | | | – | 예 | 수 |

다른 사람에게 친절하게 대해 주고 내가 받고 싶은 대로 행동하라는 뜻이에요.

8장. 한글 퀴즈

1 띄어쓰기에 맞게 문장을 또박또박 써 보세요.

약	속	을		잘		지	켜	요	.		

다	른		사	람	을		존	중	해	요	.

2 '바다'와 관련된 낱말을 생각그물로 써 보세요.

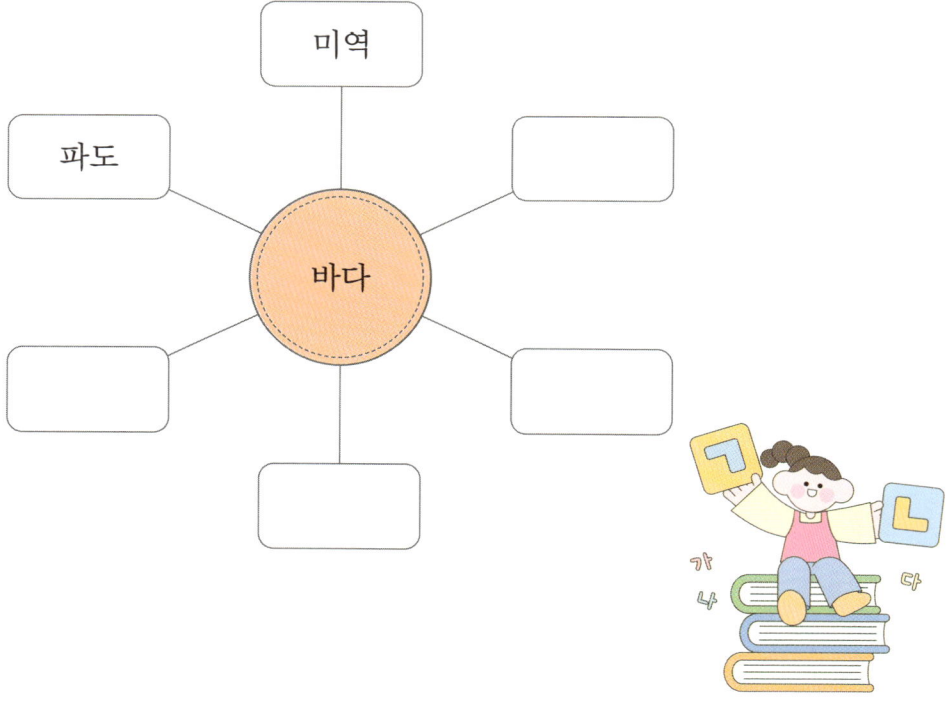

3 섬에 있는 학교에 가려면 부러지지 않은 다리를 잘 찾아서 가야 해요. 낱말을 바르게 쓴 곳을 따라가며 학교에 가 보세요.

가로 열쇠

① 약사가 약을 조제하거나 파는 곳.

② 정보를 표시해 놓은 판. (비) 표시판

④ 수를 합하여 계산하는 것. (비) 더하기

⑤ 어떤 일을 대처하는 방법.
(비) 대비책 (예) 정부는 장마철을 앞두고 물난리 ○○을 의논했어요.

⑦ 집안 살림에 쓰는 기구로, 장롱, 침대처럼 크기가 큰 물건.

⑧ 몸을 골고루 튼튼하게 하려고 하는 운동 중 하나.
(예) 운동장에서 아침 ○○를 했어요.

⑩ 몹시 아끼고 귀중히 여기는 마음. (예) 부모님의 ○○.

세로 열쇠

① 약을 담는 봉지.

② 얼굴로 기분을 나타내는 것.
(예) 친구의 ○○이 밝아지자 나도 함께 웃었어요.

③ 수를 빼서 계산하는 것. (비) 빼기

⑥ 책이나 학용품을 넣어 들거나 메고 다니는 가방.

⑨ 내용을 잘 알기 위해 자세히 살펴보는 것.

(예) 예시 (비) 비슷한말 (반) 반대말

41일 차 공부한 날   월   일

명언을 읽어 보고, 바르게 따라 써 보세요.

| 적을 | | 알고 | | 나를 | | 알면 | | 백 | 번 | | 싸 |
| 워도 | | 위태롭지 | | | 않다. | | | | | - 손 | 자 |

싸움할 때는 상대편과 나의 약점과 강점을 충분히 알고
준비를 해야 이길 수 있다는 뜻이에요.

가로 열쇠

① 시계나 톱니바퀴가 자꾸 돌아가는 소리.

③ 종이를 접어서 여러 가지 모양을 만드는 일.
  (예) 나는 ○○○○로 배를 만들 수 있어요.

④ 체조, 운동 경기, 놀이를 할 수 있는 넓은 마당. (비) 경기장

⑦ 생각이나 작품을 다른 사람들에게 보여 주는 것.
  (예) 수업 시간에 ○○하려고 손을 들었어요.

⑧ 아이의 재미있는 말과 귀여운 행동.
  (예) 동생이 ○○을 부리면 온 가족이 함박 넘어가요.

⑨ 쓰레기를 담거나 모아 두는 통. (비) 휴지통

세로 열쇠

② 무를 작고 네모나게 썰어 소금에 절인 후 양념과 버무려 만든 김치.

⑤ 나이가 많은 사람이 나이가 적은 사람을 정답게 이르는 말.
  (반) 언니, 누나, 형, 오빠

⑥ 경주할 때 출발점으로 그어 놓은 선.

⑧ 갑자기 코로 숨을 크게 내뿜는 일.
  (예) 코가 간지러워서 ○○○가 나요.

(예) 예시   (비) 비슷한말   (반) 반대말

42일 차 공부한 날   월   일

명언을 읽어 보고, 바르게 따라 써 보세요.

시간은 돈이다.
- 벤저민 프랭클린

시간을 돈처럼 귀하게 여겨 아껴 쓰고,
열심히 일하고 노력해야 잘살 수 있다는 뜻이에요.

가로 열쇠

① 주로 부부를 중심으로 한, 친족 관계의 모임. 비 식구

② 물건을 담으려고 대나무 등으로 만든 속이 깊숙한 그릇.

③ 바람에 날리어 가루처럼 흩어지는 많은 눈.
  예 밖에서 ○○○가 치는, 추운 겨울날이었어요.

⑤ 철로와 도로가 서로 엇갈리는 곳.
  비 횡단보도 예 철도 ○○○의 차단기가 내려오자 차들이 멈췄어요.

⑦ 불이 타면서 생기는 하얀색이나 검은색의 구름.
  예 길거리에서 담배 ○○를 마시고 나서 콜록댔어요.

⑨ 몹시 놀라서 자꾸 가슴이 뛰는 소리. 비 콩닥콩닥

세로 열쇠

① 세 가지 손 모양을 사용해서 친구와 함께하는 재미있는 놀이.
  비 묵찌빠

④ 큰길에서 들어가 동네 안을 이리저리 통하는 작은 길.
  예 좁고 막다른 ○○.

⑥ 두 사람이 나무로 된 긴 널빤지 위에서 번갈아 뛰는 놀이.

⑧ 주황색이고 길쭉한 채소로, 아삭아삭함. 비 홍당무

예 예시 비 비슷한말 반 반대말

43일 차 공부한 날   월   일

명언을 읽어 보고, 바르게 따라 써 보세요.

건강한 신체에 건강한 정신이 깃든다.   - 유베날리스

몸이 건강해야 즐겁고 밝게 생활할 수 있어서 정신도 건강해진다는 뜻이에요.

가로 열쇠

② 사람의 머리에서 자라는 털.

④ 둘 이상의 사물을 서로 견주어 같은 점과 다른 점을 찾아보는 일.
　(예) 친구랑 ○○하지 마세요.

⑥ 매운맛이 나는, 처음에는 초록색이지만 익으면 빨갛게 변하는 길쭉하고 끝이 뾰족한 채소. 　(예) 밭에서 ○○를 땄어요.

⑦ 집을 나가서 다른 곳에 잠시 다녀오는 일.

⑧ 무리를 다스리거나 이끌어 가는 지도자로서의 능력.

⑨ 놀이터나 놀이공원에서 타고 놀 수 있는 기계.
　(예) ○○○○에는 그네, 미끄럼틀, 회전목마 같은 것이 있어요.

세로 열쇠

① 처음에 있던 자리.　(예) 사용한 물건은 ○○○에 갖다 두세요.

③ 물건을 살 때나 돈을 찾을 때 쓰는 얇은 플라스틱판.

⑤ 학교의 이름과 자랑스러운 점을 말해 주는 노래.

⑥ 부드러운 털과 뾰족한 귀가 있는 귀엽고 작은 동물.　(비) 야옹이

⑧ 장식하려고 쓰는 끈이나 띠 모양의 천 조각.

⑩ 잘 모르는 사람을 가리키는 말.　(예) 저 사람이 ○○예요?

(예) 예시　(비) 비슷한말　(반) 반대말

명언을 읽어 보고, 바르게 따라 써 보세요.

| 모 | 든 | | 일 | 은 | | 마 | 음 | 먹 | 기 | 에 | | 달 | 렸 | 다 | . |
| | | | | | | | | | | | | - | 원 | 효 | 대 | 사 |

긍정적인 마음가짐과 의지가 있으면 어려운 일도 해낼 수 있다는 뜻이에요.

가로 열쇠

② 동그라미, 네모, 세모처럼 겉으로 보이는 생김새.

④ 단단한 물건을 가볍게 두드리거나, 시계가 움직일 때 나는 소리.

⑥ 말하는 바로 이 순간. (비) 금방

⑦ 연필 속에 들어 있는 가느다란 심.

⑨ 거슬러 주거나 받는 돈.

⑪ 2, 4, 6, 8, 10처럼 둘씩 짝을 지을 수 있는 수.

세로 열쇠

① 공사장이나 광산에서 일하는 사람들이 안전을 위해 머리를 보호하려고 쓰는 모자. (비) 헬멧

③ 길이나 자리, 물건을 다른 사람에게 먼저 줌.
(예) 지하철이나 버스를 타면 몸이 아픈 사람에게 자리를 ○○해요.

⑤ 상처에서 피, 고름, 진물이 나와 말라붙어서 생긴 껍질.
(예) 손으로 상처를 자꾸 건드리는 바람에 ○○가 떨어졌어요.

⑧ 다른 사람이 부탁해서 해 주는 일. (비) 시중
(예) 선생님 ○○○으로 옆 반에 다녀왔어요.

⑩ 1, 3, 5, 7, 9처럼 둘씩 짝을 지을 수 없는 수.

(예) 예시   (비) 비슷한말   (반) 반대말

45일 차 공부한 날   월   일

명언을 읽어 보고, 바르게 따라 써 보세요.

내 사전에 불가능이란 없다.   - 나폴레옹

뭐든 할 수 있다고 생각하면 못 할 것이 없다는 말로,
끈질기고 적극적인 태도로 불가능해 보이는 것에 도전해야 한다는 뜻이에요.

9장. 한글 퀴즈

1 서로 어울리는 낱말을 찾아 선으로 이어 보세요.

반지	쓰다
양말	묶다
우산	신다
머리끈	끼다

2 띄어쓰기에 맞게 문장을 또박또박 써 보세요.

| 다 | 리 | 를 | 얼 | 른 | 건 | 너 | 자 | ! | | |
| | | | | | | | | | | |

| 어 | 디 | 로 | 가 | 는 | 것 | 일 | 까 | ? | | |
| | | | | | | | | | | |

114

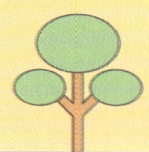

3 학교와 관련된 숨은 낱말을 가로, 세로, 대각선으로 찾아보세요.

숨은 낱말		수업, 보안관, 보건실, 급식, 교문, 일학년, 시험, 칠판				
수	보	운	일	공	보	카
업	가	안	련	펌	건	키
장	뱀	덜	관	음	실	초
급	식	착	교	핀	작	햄
크	조	무	문	므	시	무
일	학	년	픔	농	타	험
처	용	슥	촘	칠	판	후

가로 열쇠

① 어떤 것을 이루고 있는 것 중의 한 부분.
　(비) 일부, 부분　(반) 전부, 전체
② 전에 했던 잘못을 뉘우침.　(비) 반성
③ 식물의 뿌리와 잎을 중간에서 이어 주는 부분.
　(예) 이 식물은 ○○를 꺾어 물에 담가 두면 다시 뿌리가 나요.
④ 제기를 차면서 노는 놀이.
⑤ 옛날부터 우리나라 사람들 사이에서 불리던 전통 노래 중 하나.
　(예) '○○○, ○○○, 아라리요. ○○○ 고개로 넘어간다.'
⑥ 달에서 비쳐 오는 빛.
　(예) 한밤중인데도 ○○이 밝아 환해요.

세로 열쇠

① 한 번만 쓰고 버리는 그릇.　(반) 다회용기
③ 기다란 줄의 양쪽 끝을 잡고 머리 위로 돌리면서 뛰어넘는 운동.
⑤ 태어난 지 얼마 안 된 시기의 어린아이.　(비) 아가, 유아, 갓난아기
⑥ 작은 물체가 가볍게 매달려 흔들릴 때 나는 소리나 모양.
　(예) 옷 단추가 곧 떨어질 것처럼 ○○○○ 흔들려요.

(예) 예시　(비) 비슷한말　(반) 반대말

명언을 읽어 보고, 바르게 따라 써 보세요.

| 행 | 복 | 은 | | 우 | 리 | | 자 | 신 | 에 | 게 | | 달 | 려 |
| 있 | 다 | . | | | | | - | 아 | 리 | 스 | 토 | 텔 | 레 | 스 |

나의 행복은 다른 사람들이나 내가 가진 물건에서 오는 것이 아니라
내 생각과 행동에 달려 있다는 뜻이에요.

가로 열쇠

① 한글을 만든 조선 시대의 왕.
　예) 만 원짜리 지폐에는 ○○ ○○의 얼굴이 그려져 있어요.

③ 어떤 것을 기념하기 위해 옷이나 모자 등에 붙이는 작은 물건.
　예) 좋아하는 캐릭터 ○○를 사서 가방에 붙였어요.

⑦ 우리나라 궁궐에서 먹던 전통 음식 중 하나로, 간장으로 양념한 떡볶이.

⑧ 신이 나서 어깨를 위아래로 으쓱거리며 추는 춤.
　예) 장구 장단을 들으면 덩실덩실 ○○○이 나요.

세로 열쇠

② 종이를 접어서 만든 배.

④ 비나 햇빛 등을 막기 위해 집의 윗부분을 덮는 부분.
　예) ○○ 위에 눈이 잔뜩 쌓였어요.

⑤ 임금님이 머리에 쓰는 관.

⑦ 왕이 사는 집.　비) 궁전, 대궐, 궐

⑥ 한 가지 일에 모든 힘을 모아 쏟아붓는 것.
　예) 주변이 너무 시끄러워서 ○○이 잘 안돼요.

⑧ 나이가 적은 아이를 부르는 말.　비) 어린아이, 아동

⑨ 탈을 쓰고 춤을 추면서 하는 놀이.

예) 예시　비) 비슷한말　반) 반대말

명언을 읽어 보고, 바르게 따라 써 보세요.

| 웃 | 음 | 은 | | 보 | 약 | 보 | 다 | | 낫 | 다 | . |
| | | | | | | | | | | - | 허 | 준 |

많이 웃으면 스트레스가 줄어들어 몸이 더 건강해진다는 뜻이에요.

가로 열쇠

② 멀리 내다볼 수 있도록 높이 만든 곳.
  (예) ○○○에 올라가면 도시의 모습이 한눈에 들어와요.
③ 먹기 위해 잡은 신선한 물고기.
  (예) ○○ 한 마리를 맛있게 구워 먹었어요.
⑤ 우리나라만의 특징을 가진 집들이 모인 마을.
  (예) ○○ ○○에 가서 한복을 입고 사진을 찍었어요.
⑦ 멀리 있는 사람에게 편지나 택배 등을 보낼 수 있는 장소.
  (비) 우편국
⑧ 손을 보호하거나 추위를 막으려고 손에 끼는 물건.
  (예) 날씨가 너무 추워서 ○○을 껴도 손이 시려요.

세로 열쇠

① 사람들의 안전을 위해 그어 놓은 선.
④ 우리나라 한국을 부르는 다른 말.
  (예) ○○○○의 수도는 서울특별시예요.
⑥ 어떤 순서나 시간의 맨 끝. (비) 꼴찌 (반) 처음
⑦ 우유를 담는 작은 종이 상자. (비) 우유 팩

(예) 예시　(비) 비슷한말　(반) 반대말

명언을 읽어 보고, 바르게 따라 써 보세요.

시작은 모든 일의 가장 중요한 부분이다. －플라톤

무슨 일이든 일단 시작하는 것이 중요하다는 뜻이에요.

가로 열쇠

② 두 사람이 양손으로 대문을 만들면 다른 사람들이 그 밑을 지나가는 놀이.

④ 한 나라를 대표하는 깃발. (예) 태극기는 우리나라의 ○○예요.

⑤ 어린이를 위해 쓴 이야기. (예) 엄마가 자기 전에 ○○책을 읽어 주셨어요.

⑦ 경찰서 같은 공공 기관에 어떤 사건이나 사실을 알리는 것.
(예) 도둑이 들었다는 ○○를 받고 경찰이 출동했어요.

⑨ 가득 찬 물 등이 곧 넘칠 듯이 흔들리는 소리나 모양.

세로 열쇠

① 어떤 일이 원하는 대로 되기를 바라면서 기다림.
(예) 주말에 놀이공원을 가기로 해서 ○○돼요.

③ 문을 지키는 사람.

④ 한 나라를 대표하는 꽃. (예) 무궁화는 우리나라의 ○○예요.

⑤ 산이나 바다 등에 자연적으로 생긴 깊고 넓은 굴.

⑥ 거북선을 만들고 임진왜란 전쟁에서 활약한 조선 시대의 장군.
(예) 백 원짜리 동전에는 ○○○ 장군의 얼굴이 새겨져 있어요.

⑧ 고무로 된 여러가지 모양을 만들 수 있는 미술 재료.
(예) 다양한 색깔의 ○○○○으로 동물 모양을 만들었어요.

(예) 예시 (비) 비슷한말 (반) 반대말

49일 차 공부한 날   월   일

명언을 읽어 보고, 바르게 따라 써 보세요.

황금 보기를 돌같이 하라.
— 최영

돈이나 재물에 대해 지나친 욕심을 갖지 않도록 조심해야 한다는 뜻이에요.

가로 열쇠

① 사람들이 함께 손을 잡고 원을 그리며 춤을 추는 전통놀이.
　예) ○○○○는 추석이나 정월 대보름날에 달이 뜨면 하던 놀이예요.
② 오리와 비슷하게 생긴 새로, 목이 길고 잘 날지 못하는 동물.
③ 운동 경기 등에서 대표로 뽑힌 사람이나 스포츠를 직업으로 하는 사람.
⑤ 태극기에서 검은색으로 그려진 네 부분을 함께 부르는 말.
　예) 태극기의 ○○○○는 각각 하늘, 땅, 물, 불 등을 나타내요.
⑦ 음식이나 택배 등을 대신 가져와서 전해 주는 일.　비) 배송, 전달
⑨ 몹시 찌는 듯이 견디기 어려운 더위.　비) 폭염, 찜통더위

세로 열쇠

① 바람이 불지 않는데도 몹시 심한 추위.　비) 혹한, 맹추위
② 임진왜란 때 이순신 장군이 만든 거북 모양의 배.
④ 얼굴이나 몸을 닦기 위해 만든 천.
⑥ 머리, 가슴, 배가 있고 세 쌍의 다리와 두 쌍의 날개가 있는 작은 동물.　비) 벌레
⑧ 달 주변에 구름처럼 둥그렇게 생기는 하얀 테두리.
　예) ○○○가 낀 걸 보니 내일은 비가 올 것 같아요.

예) 예시　비) 비슷한말　반) 반대말

명언을 읽어 보고, 바르게 따라 써 보세요.

독서는 정신의 음악이다.
- 소크라테스

책을 읽는 것은 음악처럼 우리 마음을 즐겁게 해 준다는 뜻이에요.

10장 한글 퀴즈

1 띄어쓰기에 맞게 문장을 또박또박 써 보세요.

| 새 | 해 | 복 | 많 | 이 | 받 | 으 | 세 | 요 | . | | |
| | | | | | | | | | | | |

| 손 | 을 | 씻 | 고 | 먹 | 어 | 요 | . | | | | |
| | | | | | | | | | | | |

2 음식과 어울리는 흉내 내는 말을 찾아 선으로 이어 보세요

젤리	•		•	후루룩
과자	•		•	쫀득쫀득
라면	•		•	바삭바삭
찌개	•		•	보글보글

3 우리나라와 관련된 숨은 낱말을 가로, 세로, 대각선으로 찾아보세요.

| 숨은 낱말 | 거북선, 독도, 한글, 태극기, 무궁화, 한옥, 아리랑, 한복 |

세	바	한	글	미	불	아
독	라	김	누	치	에	리
도	이	거	북	선	나	랑
리	생	모	화	무	크	사
밥	키	림	태	알	궁	중
한	선	국	극	하	동	화
준	옥	영	기	푸	한	복

정답

01
	공	원		
연	휴			
	일	회	용	품
시			사	
청	각			

02
		열		
	기	분		
친	구		방	
		마	법	사
	가	을		자

03
미	용	실		나
	기		놀	이
반			이	
창			터	널
고	학	년		

04
	그	림	책	
		림	방	석
생	일			
	기	억		
	울	음		

05
	사		수	
	또	박	또	박
		수		
대	출		상	상
	입	학	식	

 16쪽

1.
크다 — 작다
높다 — 낮다
덥다 — 춥다
웃다 — 울다

2.
쉴 수 있고, 잠을 자는 편안한 공간
(집) / 학교

글과 그림으로 된 이야기를 읽을 수 있는 것
컴퓨터 / (책)

글을 쓰거나 그림을 그릴 때 사용하는 도구
(연필) / 지우개

3.

정답

06
	①바	다		
	나		③여	행
②하	나		름	
루			방	
		④초	등	학	교

07
①개	②교	기	념	③일	
		실		기	
④엄				⑧개	
⑤마	⑥음		⑨학	생	
	⑦식	목	일		

08
①질		③보	름	④달
②문	제			리
		⑤계	산	기
⑥미				
⑦소	곤	소	곤	

09
			①강	아	②지
③조	④개				구
	구		⑥장		
⑤크	리	스	마	⑦스	
				키	

10
	①실	로	폰	
②점	선			
		③마		
④달	팽	이		⑥무
걀		⑤크	레	용

정답

11
①쓰			③한	글
레			복	
②받	침			
기		④기		⑥변
		⑤운	동	화

12
①엉			⑤부	⑥리
②금	강	산		코
엉				더
③금	④도	끼		
	서		⑦구	두

13
①징		③인	④사	
②검	사		물	
다			⑤함	정
리		⑥거		
	⑦개	울		

14
		①놀	부	
②원	숭	이		
		③공	사	⑤장
④식	물	원		사
			⑥춤	꾼

15
		①피	아	노
②사	③다	리		
	리		⑥육	⑦교
	④미	⑤로		과
		마		서

40쪽

1
가로등의 불빛이 보였다가 안 보였다가 (깜빡깜빡 / 쨍쨍)해요.

구급차가 (쿵쿵 / 삐오삐오) 소리를 내며 지나가요.

누가 내 이름을 부르는 것 같아 귀를 (휘둥그레 / 쫑긋) 하고 들었어요.

맛있는 국수를 (쨍쨍 / 후루룩) 먹었어요.

오랜만에 친척들이 모여서 (도란도란 / 사각사각) 이야기를 나누었어요.

2
힌트: 식물

ㅈㅁ → 장미
ㅎㅂㄹㄱ → 해바라기
ㅋㅅㅁㅅ → 코스모스
ㅅㄴㅁ → 소나무
ㅇㅎㄴㅁ → 은행나무

힌트: 채소

ㅇㅇ → 오이
ㅇㅂㅊ → 양배추
ㅂㄹㅋㄹ → 브로콜리
ㅇㅍ → 양파
ㅅㄱㅊ → 시금치

3

숨은 낱말: 고슴도치, 낙타, 부엉이, 사자, 토끼, 비둘기, 제비, 카멜레온

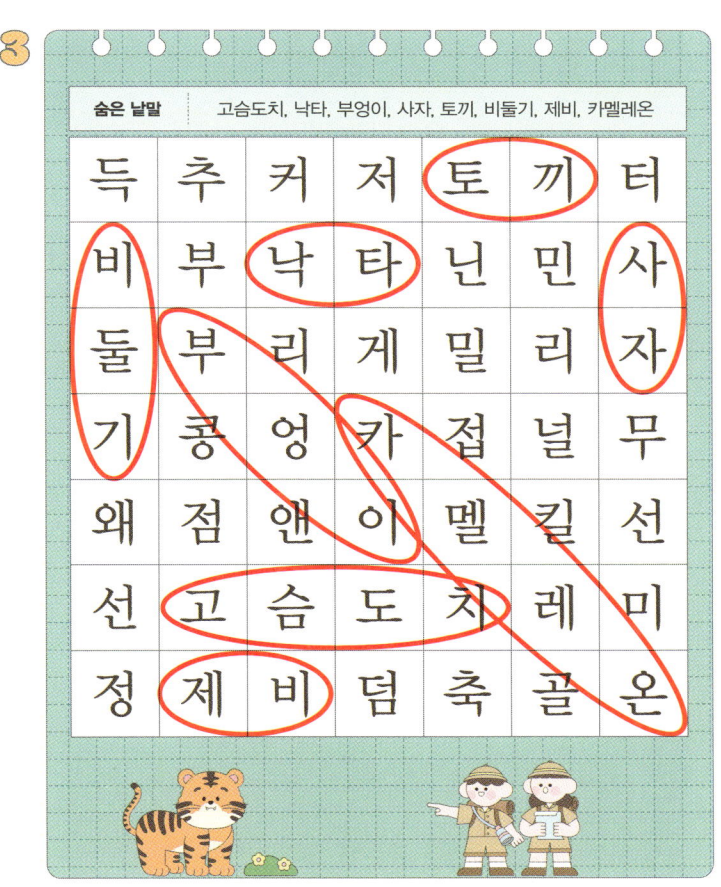

정답

 52쪽

1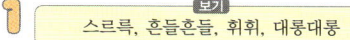

코끼리가 코를 (휘휘) 휘저어요.

감나무에 감이 (대롱대롱) 달려 있어요.

미끄럼틀을 타고 (스르륵) 내려와요.

(흔들흔들) 그네를 타니 재밌어요.

2

3

정답

21
	태	극	기	
	양			
삼	계	탕		
촌		수	정	과
		육		일

22
	반			
나	팔	꽃		방
뭇		잎	사	귀
잎			계	
		인	절	미

23
휴				
지	도		별	명
통			자	
	연	날	리	기
	습			차

24

25
	자		호	
말	랑	말	랑	
			이	황
불	고	기		사
		지		

정답

26
수	업		대			훌	
영			관		나	라	
장	사	람			후		
	뿐		차	도	프		
의	사						
	뿐			가			
		비	눗	방	울		

27
초	능	력				
록				실	내	화
색	종	이				장
	소					실
	리			치	마	
			음	료		
			악			

28
피	노	키	오			
		리	모	컨		
			자			
무	대		내		딱	
	화	요	일		편	지
						치
	숨	은	그	림	찾	기

29
			현		도	
덩	실	덩	실		서	울
		어			관	
		리	듬			
	대				무	게
비	사	치	기		인	
	약				도	

30
가	족	여	행		꼭	
		우			두	
경	험			조	각	
찰				시	험	
관	장		비			
	난		상	처		
	감		구			

6장 한글 퀴즈 78쪽

1
| 친 | 구 | 와 | 무 | 엇 | 을 | 할 | 까 | ? |
| 친구 | 와 | | 무엇을 | | 할까 | ? | | |

| 사 | 람 | 이 | 많 | 은 | 곳 | 에 | 왔 | 어 | . |
| 사람이 | | 많은 | | 곳에 | | 왔어 | . | | |

2

3

| 숨은 낱말 | 버스, 유람선, 택시, 기차, 우주선, 자동차, 잠수함, 지하철 |

국	회	우	주	선	인	지
레	사	둘	기	푸	트	하
암	유	낯	차	로	학	철
버	스	람	코	택	시	크
사	적	세	선	켓	막	자
잠	수	함	리	포	동	열
장	력	몸	숨	차	안	섬

정답

31
자	석					횡
전			나		장	단
거			침		보	
		반	짝	반	짝	도
개		꿍				
나	비				그	
리		캐	스	터	네	츠

32
현	충	일				모
장				자	동	차
체	육	관		주		르
험				색		트
학			일			
습			요		오	전
		일	주	일		후

33
	보					꿈
	슬	픔		미	끄	럼	틀
	보					꿈
	슬	금	슬	금		틀
		요			복	
		일			숭	바
			할	아	버	지

34
			비		연	필
	마		행			통
	술	래	잡	기		
				아	저	씨
				침		
받	아	쓰	기		발	명
				역		견

35
		항		늑	대
		아			답
브	로	콜	리		
			거	미	줄
독	도				다
	시	끌	시	끌	리
	락		소		기

7장 한글 퀴즈  90쪽

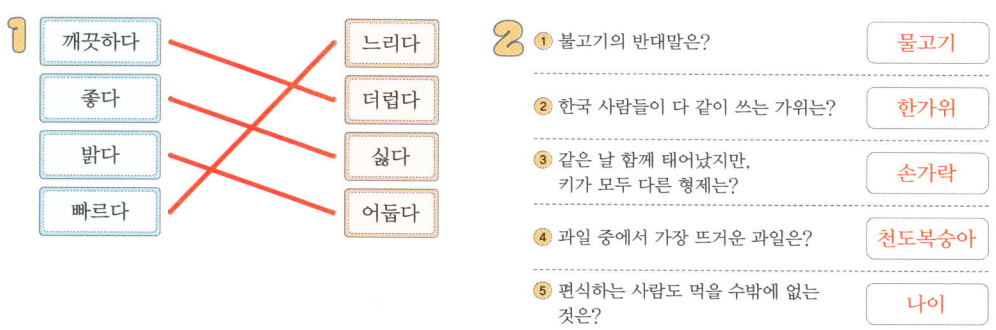

1.
- 깨끗하다 — 더럽다
- 좋다 — 싫다
- 밝다 — 어둡다
- 빠르다 — 느리다

2.
① 불고기의 반대말은? → 물고기
② 한국 사람들이 다 같이 쓰는 가위는? → 한가위
③ 같은 날 함께 태어났지만, 키가 모두 다른 형제는? → 손가락
④ 과일 중에서 가장 뜨거운 과일은? → 천도복숭아
⑤ 편식하는 사람도 먹을 수밖에 없는 것은? → 나이

3.

숨은 낱말: 만화가, 요리사, 선생님, 의사, 소방관, 가수, 크리에이터, 경찰관

정답

36

문	장	부	호		
장		자			
		인	사	말	
역				썽	
할	머	니		꾸	
놀			기	러	기
이	쑤	시	개		기

37

	승		마		
우	리		차	별	
주				똥	
			별	나	라
	정			못	
	수	제	비	가	
권	리			지	

38

스			생	신	
파	출	소		각	
게			휘	둥	그	레
티				물	
		우	리	말	
		유		대	통	령
			꾸		

39

	속			군	
파	도			것	
릇				질	투
파	인	애	플		호
버	릇		벌		도
				레	스	토	랑
				리	

40

어			주	소	
슬	기		사		
렁		바	위		
웃	어	른			
	슬		먼	저	
주	렁	주	렁		고
			마	무	리

1

| 약 | 속 | 을 | 잘 | 지 | 켜 | 요 | . |
| 약 | 속 | 을 | | 잘 | | 지 | 켜 | 요 | . |

| 다 | 른 | 사 | 람 | 을 | 존 | 중 | 해 | 요 | . |
| 다 | 른 | | 사 | 람 | 을 | | 존 | 중 | 해 | 요 | . |

2
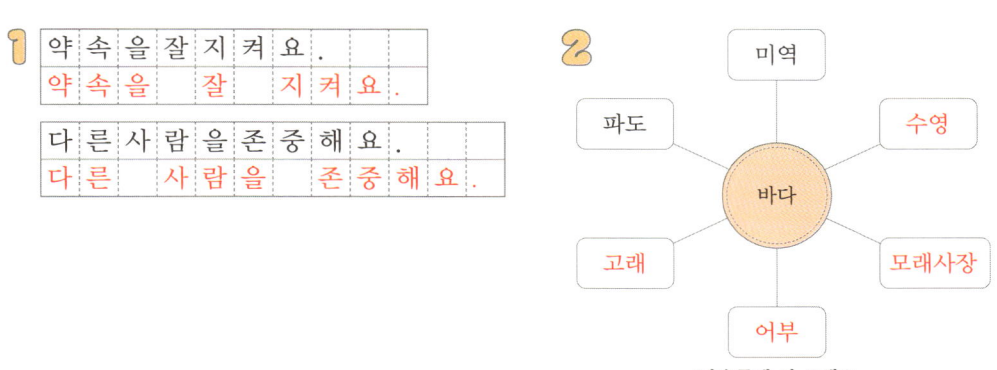

*자유롭게 써 보세요.

3

정답

41
- ①약국 ③뺄
- 봉 ⑤덧셈
- ②표지판
- 정 ⑥대책
- ⑦가구
- ⑧체⑨조 방
- ⑩사랑

42
- ①째깍째②깍
- ④운동장 두
- ⑤생 ③종이접기
- ⑥출
- ⑦발표 ⑧재롱
- 선 채
- ⑨쓰레기통

43
- ①가족 ④골
- 위 ⑤건널목
- ②바구니 뛰
- 위 ⑦연기
- ③눈보라
- ⑧당
- ⑨두근두근

44
- ①제 ④비⑤교
- 자 가
- ②머리③카락 ⑥고추
- 드 양
- ⑦나들이
- ⑧리더십 ⑩누
- 본 ⑨놀이기구

45
- ①안
- 전 ④똑딱똑⑤딱
- ②모③양 ⑥지금
- 보
- ⑦연필심
- ⑩홀 부
- ⑪짝수 ⑨거스름돈

9장 한글 퀴즈 114쪽

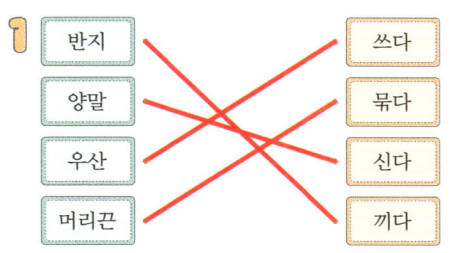

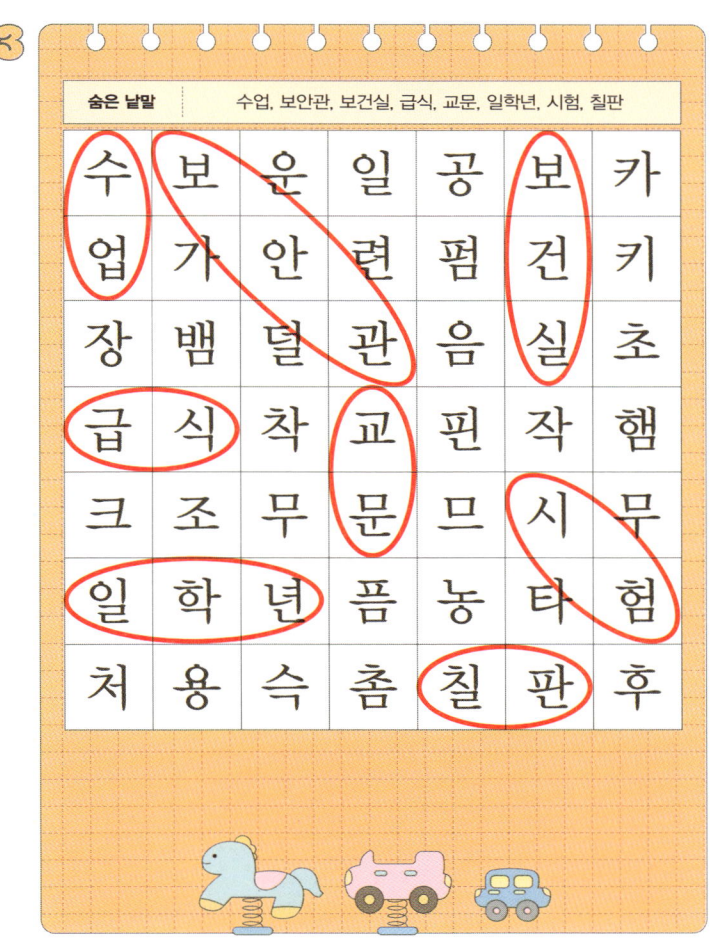

정답

46
		①일	부	분	
	②후	회			
		용			
	③줄	기		⑥달	빛
	넘	⑤아	리	랑	
④제	기	차	기	달	
				랑	

47
①세	②종	대	⑤왕		
	이		관		
	③배	④지			⑤탈
		붕	⑧어	깨	춤
	⑥집		린		놀
⑦궁	중	떡	볶	이	이
궐					

48
	①안				
	②전	망	④대		
③생	선		⑤한	옥	⑥마	을
			민		지
	⑦우	체	국		막
	유				
⑧장	갑				

49
	①기				
	②대	③문	놀	⑥이	
		지		순	
	④국	기		⑦신	⑧고
⑤동	화				무
굴			⑨찰	랑	찰	랑
					흙

50
	①강	강	술	래	
	추				
②거	위				
북			⑦배	⑧달	
③선	④수		⑨무	더	위
	⑤건	⑥곤	감	리	
	충				

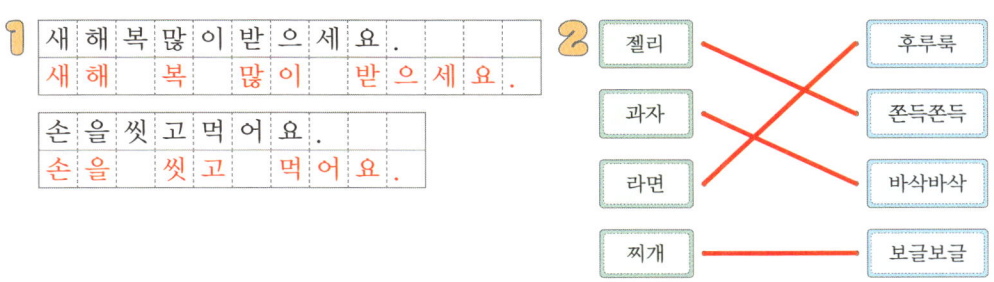

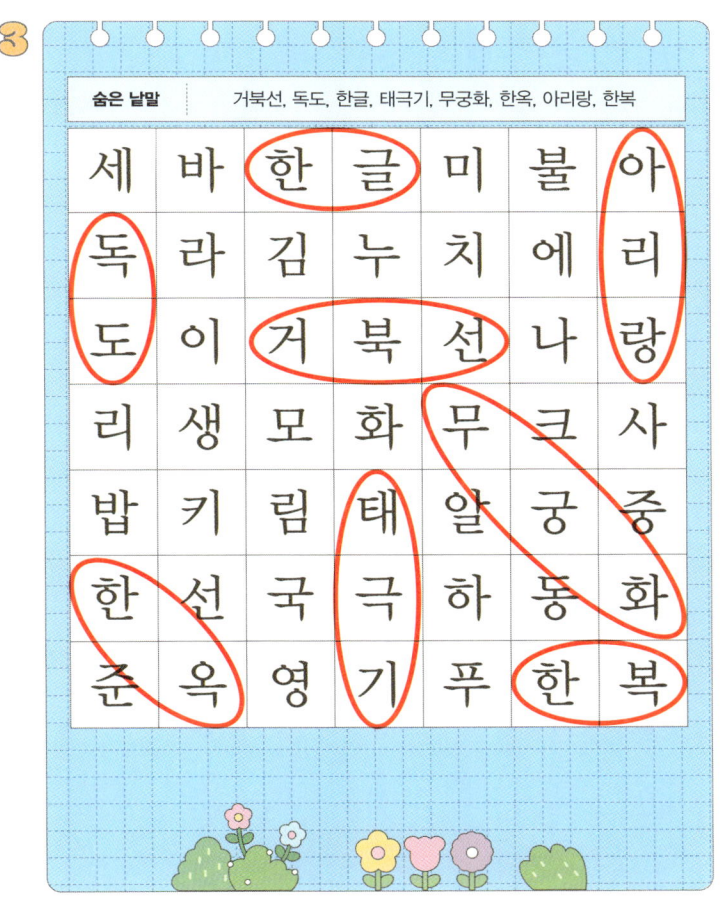

1학년 교과서랑 친해지는

1판 1쇄 발행 2025년 2월 25일
1판 2쇄 발행 2025년 9월 30일

글 서울미래교육연구회
그림 희소
발행인 손기주

편집팀장 권유선
교정 이레
디자인 최서원
세무 세무법인 세강

펴낸곳 썬더버드
등록 2014년 9월 26일 제 2014-000010호
주소 경기도 의왕시 정우길47, 2층
전화 02 6368 2807 **팩스** 02 6442 2807

이 책은 저작권법에 따라 보호를 받는 저작물이므로 무단 전재와 복제를 금지하며,
이 책의 내용 전부 또는 일부를 이용하려면 반드시 저작권자와 썬더키즈의 서면 동의를 받아야 합니다.

ISBN 979-11-93947-26-5 73700

값은 뒤표지에 있습니다. 잘못된 책은 구입하신 곳에서 바꾸어 드립니다.
썬더키즈는 썬더버드의 아동서 출판브랜드입니다.

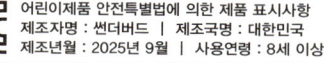